■ 高德胜　主编

道德教育评论 2014

教育科学出版社
·北京·

# 编 委 会

# 目录

**德育理论研究**        1

    论道德作为现代教育之代价／高德胜    1

    道德智慧培养的意义与局限／郑富兴    20

    论幸福作为道德教育的目的／薛晓阳    34

    教师的教育良心：师德生成之基／马多秀    45

    主体的降格：学校仪式神圣性缺失的

        秘密／刘华杰    52

**公民教育研究**        63

    学校公民教育课程的设计／冯建军    63

    全球化背景下的国家认同教育／余维武    78

    培育公共空间意识：公民道德教育的时代诉求／严从根    89

    作为"转化性知识分子"：教师在公民教育中的角色担当

        ／叶飞    98

**基地成果选登**　　　　　　　　　　　　　　　　　　111

　　论人类的教育／王建华　　111

　　时间·道德·道德教育／孙彩平　　131

　　后生活化时代的学校德育及其制度困境／齐学红　　142

　　从绘画符号看城乡学生之差异／易晓明　　153

# 论道德作为现代教育之代价[①]

南京师范大学道德教育研究所 高德胜

现代社会道德问题层出不穷，一再突破人类所能够忍受的底线，在这种情况下，人们几乎是不假思索地将责问的目光投向教育。教育从业者，尤其是道德教育工作者，在这种含义特别的目光注视之下，犹如芒刺在背。这些生活在巨大压力之下的人，包括道德教育理论研究者，都对自身所从事的事业进行了各种反思和检讨，也进行了各种各样的努力和挣扎。虽然不是毫无收获，但总体来说，效果不彰。道德教育不但在当今社会暴露的道德问题面前显得苍白无力，而且自身的生存也出现了巨大的危机。道德教育的这种尴尬处境，促使我们不得不跳出现代教育的框架，从与现代教育保持一定距离的角度来重新审视道德教育与现代教育的关系：现代教育是友善道德和道德教育的，还是以道德和道德教育为代价的？

## 一、"四轮驱动"的现代教育

审视现代教育是否友善道德和道德教育，可以从现代教育的特性入手。现代教育所具有的特性如果是友善道德和道德教育的，那么作为实践的现代教育则更可能是友善道德和道德教育的；如果其本性是不友善道德

① 国家社会科学基金 2012 年度教育学一般课题"道德冷漠与道德教育"（项目批准号：BEA120030）部分成果。

和道德教育的，则必然推动着现代教育走向冷淡、排斥、挤压道德和道德教育的方向。现代教育是人类教育发展的崭新阶段，在这一阶段，教育呈现出了不同于人类历史上曾经存在过的任何教育形态的独有特征。

现代之前的教育，尤其是学校教育从总体上看都是特定阶层的权利。从西方文化的源头开始，教育"天生"具有一种"贵族气息"。在古希腊，教育是摆脱了生存压力之后人的一种精神升华活动，对那些还在为生存而挣扎的人来说，教育是与他们无关的另一个世界的事情。在随后的发展演变过程中，教育虽然有这样那样的变化，但教育的这一基本性质依然是一个无法否认的事实。正如杜威所说："教育，至少是初等以上的教育，过去是专门为有闲阶级设立的。它的教材和它的方法，也是为那些生活优越，因而不必去为生活而工作的人设计的。"① 至于穷人，正如卢梭所说，"是不需要接受什么教育的，他所生活的环境教育是强迫性的，他不可能再接受其他教育了"②。生活在民主化教育已经深入普及时代的人们，可能觉得教育的这种"贵族气息"已经是古老的事情，但事实上，它离我们的时代并不久远。教育民主化的要求虽然早已有之，但其基本实现，却是19世纪末20世纪初的事情。

教育民主化是现代教育的主导性推动力，但教育民主化自身也是受多种力量驱动的。第一种力量是宗教传播的需要。马丁·路德被称为"国民教育之父"，但实际上他主张广设学校、教人识字的目的是宣扬教义，使人们能够阅读《圣经》。夸美纽斯将教育视为一项人人应该享有的基本权利，但他的依据却是宗教的："上帝自己常说，他对人毫无偏袒，所以如果我们允许一部分人的智性受到培植，而去排斥另外的一部分人，我们就不仅伤害了那些与我们自己具有同一天性的人，而且也伤害了上帝本身，因为上帝愿意被印有他自己形象的一切人所认知、所喜爱、所赞美。"③ 世俗化是现代社会和现代教育的一个显著特征，但吊诡的是，现代社会和现代教育却在一定程度上是宗教传播需要所催生的。在教育史

---

① [美]杜威. 学校与社会·明日之学校[M]. 赵祥麟, 译. 北京: 人民教育出版社, 1994: 348.

② [爱]弗兰克·M. 弗拉纳根. 最伟大的教育家: 从苏格拉底到杜威[M]. 卢立涛, 安传达, 译. 上海: 华东师范大学出版社, 2009: 97.

③ [捷]夸美纽斯. 大教学论[M]. 傅任敢, 译. 北京: 人民教育出版社, 1984: 52.

上，教育民主化的一个重要的驱动力就是打破上层社会对宗教的垄断，使下层百姓子弟能够阅读《圣经》，能够没有障碍地与上帝直接交流。

教育民主化或大众化的第二个推动力则是经济发展。近代资本主义的发展需要大量的产业工人，而这些需要与大机器相结合的产业工人必须具备一定的读写能力。符合工业生产需要的工人不会凭空产生，只能靠教育来培养。这也是在工业化初期，工业界巨头办教育的兴致那么高，甚至高过政府的原因。以美国为例，1915 年卡内基和洛克菲勒两家公司对教育的投入超过了当时美国政府对教育的投入。[①] 以赚钱为最高目的的商业公司，对教育的兴致当然不是出于高尚的慈善和道德目的，而是期望通过教育培养既有基本知识和技能，又具备服从和忍耐品格的产业工人。假如没有利益，资本家及其代理人是不会乐意让穷人子弟接受教育的，正是有利可图，教育的大众化和民主化才有了实现的可能。与其说这是"政治和经济上不得已的让步"[②]，倒不如说是利益驱使下的主动作为。

教育的民主化和大众化当然也有政治驱动力。近代以来的民主化运动使得人们尤其是下层民众的民主意识觉醒，不再将教育视为上层社会的特权，而是人人应该享有的基本人权。当然，仅有驱动力还不够，还得具备一定的社会条件。正规教育离不开书籍。过去，教育之所以是少数人的特权，一个重要的原因是印刷术尚未广泛运用，书籍只能靠手工艰苦地抄写，那时的书籍稀少、昂贵，不是一般民众所能读得起的。印刷术的发明和运用，为教育的民主化与大众化提供了技术条件，那时的人对印刷机的感情大概类似于今天的人对电脑的热情。夸美纽斯对教育"信心爆棚"，这信心肯定有印刷机的支撑，因为"教育印刷术"是他一个重要的隐喻，"教学艺术所需要的不是别的，只不过是要把时间、科目和方法巧妙地加以安排而已。一旦我们发现了正确的方法之后，那时无论教导多少学童都不会比印刷机在一天之内印一千份整洁的文章……更为困难"[③]。科层制是教育民主化和大众化的组织条件，因为民主化、大众化的教育必

---

① ［美］约翰·泰勒·盖托. 上学真的有用吗？［M］. 汪小英，译. 北京：生活·读书·新知三联书店，2010：9.

② ［美］杜威. 学校与社会·明日之学校［M］. 赵祥麟，译. 北京：人民教育出版社，1994：350.

③ ［捷］夸美纽斯. 大教学论［M］. 傅任敢，译. 北京：人民教育出版社，1984：78.

然导致受教育者人数的大幅度增加和教育规模的扩大,如何组织则成了新的问题。现代工业生产与管理所采用的科层制为大规模教育的组织提供了参考,正是借助科层制,以大规模为特征的现代教育才得以有效地组织起来。

国家化是现代教育的第三种推动力,或者说,国家化是现代教育的另一个显著特征。教育国家化,即教育由国家来承办是一个从古希腊就有的梦想。柏拉图及其老师苏格拉底对父母和家庭都不那么信任,主张教育应该脱离家庭,由城邦接管。为了使儿童免受父母的影响,柏拉图甚至主张城邦的统治者把儿童从父母身边带走,由护国者统一抚养与教育。亚里士多德同样认为教育应该由城邦来掌控,他对雅典人各人关心各自子女、各人按自己的标准对子女实施教育颇有微词,对斯巴达人"把儿童的教育作为全邦的共同责任"①则大加赞扬。古罗马的昆体良也对家庭教育充满戒心,认为父母并不天然都具备教育子女的资格,在教育应该公立还是私立的问题上,他坚定地站在公立这一边。但教育国家化在教育史的多数时期都只是未能实现的梦想,直到19世纪,有权接受教育的人绝大多数依然是在家庭教师和私立学校的帮忙下完成受教育过程的。

教育的国家化与教育的民主化、大众化是同时发生的现代事件。教育国家化的内在动机恐怕不是现代国家所宣扬的那样"高尚",而是现代国家看到了教育的"有用性"。一方面,虽然私人商业机构对教育热情高涨,但工业化所推动的教育大众化不可能仅仅由这些零散的商业企业来主导,作为代理人的政府必须承担起办教育的责任。另一方面,将教育纳入政府职能范围,既适应了经济发展的需要,"有利可图",又增强了自身的政治合法性。有利可图在于,通过举办教育,使穷人子弟掌握基本的知识和技能,以此来谋生并为国家经济发展服务,使他们由国家的"债务"变成国家的"资产"。同时,通过举办教育,现代国家调和了社会矛盾,安抚了下层百姓,使统治的合法性得以增强。更重要的是,教育可以在民族认同和国家认同中扮演重要角色,这正是现代民族国家在兴起过程中所迫切需要的,"无论是19世纪60年代的侵略性国家普鲁士,还是70年代后

---

① [古希腊]亚里士多德.政治学[M].颜一,译.北京:中国人民大学出版社,2003:268.

的战败国法国，它们都发现在自己的公民中培养集体性的自我本位意识的益处"①。在这些动机的综合作用下，发达资本主义国家投资办教育的热情高涨起来，比如拿破仑构建了从小学到大学、最后进入"法兰西大学"的国民教育体系，从而使法国教育发生了国家化的永久转向。此后，教育国家化成了历史的潮流，哪怕是贫穷落后的国家，也不会让教育放任自流，而是将教育作为一项政府职能。教育国家化的古老梦想，经过几千年的延宕，在现代终于初步实现了，虽然这一巨变的复杂后果还有待历史的检验。

教育国家化的典型表现是义务教育的推行。义务教育发源于德国。有"国民教育之父"之称的马丁·路德提倡国家广设学校，并强迫百姓送子女入学。1691年，德意志魏玛邦颁布法令，规定6—12岁的儿童必须入学，这是义务教育的开端。德国是推行义务教育最早的国家。到了19世纪下半叶，经济较发达的资本主义国家，包括英国、法国、美国等都先后颁布了义务教育法令。义务教育是教育国家化的一个装饰性说法，所谓义务教育，其实是强迫教育，即在国家主办的教育面前，家长必须送子女上学，否则就是违法。"义务教育的核心内涵涉及使用强制力与法律制裁确保学生必须出勤和参与一个规定的标准化课程。"② 当然，这种强迫主要还是针对下层人民，上层阶级子女有充分的受教育的权利和机会，用不着强迫。

与教育的民主化、国家化密切相关的是教育的正规化。虽然作为专门教育机构的学校早已存在，但在人类历史的大多数时期，教育主要是以非正规或半正规的方式存在着的。就连作为专门教育机构的学校，在进入现代之前的多数时期，也很难说其是完全正规的。因为在教育国家化之前，学校的主办主体是多元化的，不同的主体所举办的学校的存在样态差别巨大，有的是组织严密的教会学校，有的则是松散的私人研习所。如果说在现代之前存在少部分的正规教育的话，那也只是少数人的需要，正如布鲁巴克所说，"在19世纪和20世纪之前，仅仅只有少数人需要或爱好

---

① [美]约翰·S.布鲁巴克.教育问题史[M].单中惠，王强，译.济南：山东教育出版社，2012：65.

② [美]肯尼斯·A.斯特赖克，[加]基兰·伊根.伦理学与教育政策[M].刘世清，等，译.北京：北京大学出版社，2013：61.

学校的正规教育"①。在现代教育之前，大部分人跟着父母在生产和生活中学习一些生存技能，少部分人则采用学徒制的方式跟着师傅个别化地学习一些技艺，更少的一部分人则是在父母与家庭教师的分别指导下学习，到一定年龄的时候去专设的贵族学校学习。也就是说，即使那些有条件上学的少部分人，他们所接受的教育也是正规和非正规参半的，或者说是半正规的。

现代教育则完全不同，正规化程度史无前例。由于教育国家化，教育的举办主体由过去的多元变成了现代民族国家一元，对教育的要求自然也是统一的了，改变了过去教育的"千姿百态"，这是现代教育正规化的主体基础。现代教育的正规化表现在不同的方面：第一，教师的专门化、专业化。现代教育已经彻底克服了苏格拉底"无人能做教师"的心理障碍，逐步建立起了一套完整的专业教师的选择、培训、获得资格制度，使教师选任制度化了。第二，现代教育有了统一的课程要求（课程大纲）和标准教材，教育内容本身及其载体正规化了，一改以往的随意性和多种多样。第三，作为教育机构的学校，其组织架构和运行机制也正规化了，不但在学校内部有了科层化的结构，在学校之间也有了有机的联系，不同的学校之间衔接与递进的制度也日趋成熟。第四，过去，由于教育并非由国家主导的，办学主体因地制宜，甚至因陋就简，办学条件十分简陋；现代教育则不同，办学条件逐渐好转，对学校场地、教室等物质条件都有了正规的要求。

现代教育的第四种推动力，或者说现代教育的另一个典型特征是科学化。现代之前的教育虽然千姿百态，但基本上可以归为人文事业或道德事业。无论是古希腊的公民教育，还是古罗马的贵族教育，包括后来的宗教教育，都是以"做人"为核心的，关注的焦点是人自己、人与他人之间的关系。在这一过程中，虽然也有对自然世界的探索与认识，但都是以对人自身的认识为参照的，或者说是为了认识人而去认识自然的。从教育内容上看，古代教育所呈现的无非是前人对人间事务的思考，也就是利用典范的方式来激发学习者思考自身以及学习如何做人。从现代科学的角度

---

① ［美］约翰·S. 布鲁巴克. 教育问题史［M］. 单中惠，王强，译. 济南：山东教育出版社，2012：365.

看，古代教育的这种人文性和道德性显然是粗糙的、主观的、非科学的。现代教育将关注点由"人事"转向自然，由人文探问转向科学知识学习。现代教育虽然从正式表述上并没有轻视道德及其教育，但其全部注意力基本上用在对自然世界的认识与把握上，从此科学知识在学校教育中大行其道并逐步获得了支配性地位。现代教育的科学化是全方位的，不但教育目的是科学定向的，教育内容是以科学为主的，而且教学方法及其组织形式也是科学化的。过去存在于教育中的精神与价值问题，也被转化为更为科学的心理问题。

## 二、"谋生术"：智者派的全面胜利

"四轮驱动"的现代教育在飞速运转，但是是有代价的。以教育的民主化为例，教育的民主化、大众化显然具有无与伦比的进步意义，让人类社会的绝大多数成员有了受教育的权利，教育不再是少数人的特权。不承认我们为教育的民主化所付出的代价，那也不是客观的态度。正因为民主化、大众化，教育的存在形态发生了根本性的变化，民主化之后的教育与之前的教育从目的、性质到样态都发生了巨变，代价也是巨大的，用杜威的话说就是"具有一切知识而迷了路"①。同样，教育的国家化、正规化、科学化也都是有代价的。综合起来看，最大的代价就是教育变形。教育经过"四轮驱动"之后，虽然获得了新生，但新生的教育已经不再是原来意义上的教育，"面貌一新"的同时又"面目全非"。"教育是一项道德事业"，"面目全非"的教育，牺牲的主要是道德，道德成了现代教育的"轮下之物"！

现代教育是西方文化主导的，西方文化与教育的源头在古希腊。而即使是在遥远的古希腊，对教育的理解也可以区分出截然不同的两个主要派别，一个是灵魂派，一个是智者派。苏格拉底、柏拉图、亚里士多德的教育观念虽然也有不同，但他们都认为教育是灵魂的事业，教育是为了灵魂的提升，不是习得生存的技能。苏格拉底孜孜以求的是"人应如何生

---

① ［美］杜威. 学校与社会·明日之学校［M］. 赵祥麟，译. 北京：人民教育出版社，1994：119.

活"，他毕生贡献的事业是引导弟子们通过爱护灵魂，通过灵魂德性的完满实现，让有限的人获得无限的幸福。柏拉图致力于人之灵魂转向，引导人进入理念王国，过上神一样的德性与沉思的生活。亚里士多德虽然重视实践和生活的教育意义，但也清楚地表明教育的主旨在德性不在技能，因为"任何一种活动的专门技术都不利于儿童的身心发展"①。他们的这些教育思想不是凭空得来的，而是有社会基础的。那时主导性的教育，不是生存技能的训练，而是摆脱生存负担之后的灵魂提升活动，这可以从"学校"的本意是"闲暇"上得到一定程度的证明。"对古希腊人来说，教育有着重大的意义。他们生存的目的就是发展成为一种更为高尚的人，他们相信，教育对于达到这一目的有着极为重要的作用。"②

但智者派也有相当的影响和生存空间。这些人以教育为职业，通过教别人知识而获得报酬，用立竿见影的效果和诱人的人生前景来招揽学生，声称可以培养出人头地的战士、立法者、政治家、致富者。在这些人看来，教育的"关键词"不是德性，而是谋生术，"智者派所宣扬的是一种舍弃了道德问题和人性问题的严格意义上的功利主义技术教育"③。他们把教育视为一种工具，一种获取好处的工具，教学生各种各样的实用技能，至于学生用这些技能干什么，是去为城邦服务，还是去为非作歹，那是学生个人的事情，与老师无关。智者派在当时的受欢迎程度也许不亚于苏格拉底及其传人，在古罗马时代昆体良的教育思想中我们还可以看到他们的影子。但就教育史而言，灵魂论的压倒性优势显而易见，这种优势不但体现在教育思想上，也落实在教育实践上。从教育思想史上看，亚里士多德鄙视将教育用于任何外在目的的思想得到了继承和发展，从奥古斯丁到洛克、卢梭和杜威，无不将教育与人的灵魂及德性紧密联系在一起，将教育视为道德事业，"这种关于教育的内在价值的见解（与任何可能导向

---

① ［爱］弗兰克·M. 弗拉纳根. 最伟大的教育家：从苏格拉底到杜威［M］. 卢立涛，安传达，译. 上海：华东师范大学出版社，2009：29.

② ［英］伊丽莎白·劳伦斯. 现代教育的起源与发展［M］. 纪晓琳，译. 北京：北京语言学院出版社，1992：13.

③ ［爱］弗兰克·M. 弗拉纳根. 最伟大的教育家：从苏格拉底到杜威［M］. 卢立涛，安传达，译. 上海：华东师范大学出版社，2009：6.

职业利益或实际利益的见解相反）已经成为历来教育思想中的一个永久主题"①。从教育实践史上看，现代之前的教育，虽然也有不同的发展阶段和多种多样的形态，但始终有一个基本的原则：教育是人解除生存负担之后提升灵魂的活动。在教育史上，曾经有过很长一段时间，教育对生存技能的排斥在今天看来简直到了"不可理喻"的程度。在现代以前的很长历史时期内，"教育"一词意指不含任何物质性的、纯净的人类精神与习俗活动。鲍尔森（M. B. Paulsen）在 20 世纪初根据历史和现实对教育的理解，在词典中对"教育"是这样定义的："受过教育，指不用双手劳作，着装举止得体，并且能够参与谈论时下社会流行的所有话题和事务。"② 这一定义有两个引人注目的要点：一是受过教育的人是天性发展、纯净完美，体现人性美好的独特个体，且能参与文化生活（这一点让人想到古希腊人人参政的公民）；二是对生存技能的超越，教育与满足生存的技能完全无关，教育是以对它的摆脱和排斥为特征的。

在教育史上始终处在灵魂论压制之下的教育"谋生术"借着现代教育的肌体"满血复活"。"当今学校的主要任务是为生活实践及未来就业做准备。一切教学内容今天均被置于'是否有用'的标尺之下，这里的'是否有用'一般被理解为是否能为个人带来物质利益。"③ 如果说古代教育的基本原则是摆脱生存之虞之后的精神提升活动，那么现代教育的基本逻辑则是生存负担沉重的现代人获取生存保障的必经之途。这一点清晰地体现在现代教育的民主化与国家化之中。如前所论，现代教育的民主化，除了宗教的推动力之外，最主要的推动力则是经济的，即新兴的资本主义经济需要大量受过一定教育的劳动力。从个体的角度看，受过一定教育是获得职业岗位的前提条件，教育由此转向了"谋生术"的轨道。欧克肖特（Michael Oakeshott）将现代教育的这种转向称为真正教育的"替代方案"，即为教育附加了外在目的，让受教育者掌握生存所必需的技能，融入所生存的社会。教育的这种替代方案一开始是为穷人子弟设计

---

① ［英］乔伊·帕尔默. 教育究竟是什么：100 位思想家论教育［M］. 任钟印，诸惠芳，译. 北京：北京大学出版社，2008：24.
② ［德］曼弗雷德·富尔曼. 公民时代的欧洲教育典范［M］. 任革，译. 北京：人民出版社，2013：17.
③ ［德］曼弗雷德·富尔曼. 公民时代的欧洲教育典范［M］. 任革，译. 北京：人民出版社，2013：168.

的，但随着工业化的发展，得到极大的拓展，逐步统治了整个教育，原本是为穷人设计的教育方案，后来却成了教育上人人无法逃避的最为基本的原则。①

教育民主化、大众化的实施者是现代民族国家，它们对作为灵魂与精神提升的教育并没有那么浓的兴趣，它们的主要兴趣在于通过教育实现民族国家的文化认同，培养符合国家经济需要的劳动力，也就是说，教育国家化与教育的工具化是同时发生的，是同一个过程。亚里士多德说人是政治的动物，这是从政治最美好的那个维度来说的，事实的政治却总是德性、真理、人性最大的威胁。所以，现代以前的教育要么远离政府与国家，要么与其保持必要的距离，因为只有这样，学校和教育才能作为"德性、真理、灵魂的避难所"而存在。教育的国家化使教育获得了从未有过的强力支持，但代价是作为"德性、真理、灵魂的避难所"这一独有地位的丧失。当很多人在为教育的国家化欢呼的时候，尼采则看到了教育国家化的危险：现代国家一方面尽可能拓展教育，又把它变得狭隘（利益工具）进而削弱它，结果是教育表面上繁荣昌盛，而内里则狭隘空虚，教育由于从属于国家而堕落了。②

作为"谋生术"的现代教育，与以往以德性为追求的教育不同，它以自私和利己为基本逻辑。关于现代教育的这一显著特征，杜威早就看得真切和透彻。他说，现代大规模教育是以竞争为基础的，同龄人之间的竞赛（这个词的最坏的意义）是组织教学的基本架构，没有这种"你死我活"式的竞赛，教学几乎无法组织，"以致一个儿童对其他儿童的学习有了帮助就算是犯罪"；每个人都在单纯地吸收知识，学习的动机不是社会的，而是个人的现在和未来，很自然地流于自私自利。③康德认为公共教育优于私人教育，因为在学校中，儿童有更多的机会与别人交流，能够学

---

① ［英］迈克尔·欧克肖特. 人文学习之声［M］. 孙磊，译. 上海：上海译文出版社，2012：80-100.

② ［英］乔伊·帕尔默. 教育究竟是什么：100位思想家论教育［M］. 任钟印，诸惠芳，译. 北京：北京大学出版社，2008：24.

③ ［美］杜威. 学校与社会·明日之学校［M］. 赵祥麟，译. 北京：人民教育出版社，1994：32.

会尊重别人的自主性。① 在学校生活中，学生能够与同龄人交往，这是过去以家庭教师为主导的教育模式所不具备的条件，从这个角度看，康德是对的。但问题在于同龄人相处的模式，并不是同龄人无论以什么样的形式在一起，都能学会尊重，获得德性。也许是随着时间的推移，现代教育这一骨子里的毛病越发显露无遗，杜威的体会才显得更加真切，更加符合事实。"人人为己"是现代学校中再明显不过的"显规则"，每个学生只对自己的学习负责，至于同龄的同学，他们只在竞争的意义上才能被纳入视野。学生生活在同龄人群体中，但却是孤独地一个人在那里，"旁若无人"，每个人比赛性地完成同样的任务，相互之间没有配合，没有协助，孩子们在物理空间上是如此接近，但在心理和精神空间上又是那样遥远！"学校教给学生的东西——深入其内心并形成其习性的东西——正是竞赛本身。"② 学生如此，教师也是如此，在现代学校中，每个教师都是独立于其他科目和教师的，只需要对自己的科目、班级负责。正是因为洞察了现代教育这种"结构性的不道德"，杜威提出了一系列教育改革措施，在教育思想上传播广泛，影响巨大，但"具有讽刺意味的是，尽管在整个世纪（20 世纪）的学术讨论中他始终处于中心地位，但杜威自己的观点从来没有真正渗入美国教育制度的课堂实际中"③。杜威所倡导的教育不见踪影，相反，他所痛心疾首批判的教育，却在世界各地变本加厉地发展着。

现代教育因为倒向了"谋生术"而使自私和利己成为"显规则"。也许有人会说，源于古希腊的为了灵魂与德性的教育也是为己的，在这个意义上也是自私和利己的。确实，有自我意识是人所独有的特征，这是人生在世的锚点，因此，一定程度地为我和利己是"人性原则"，在这个意义上，"人不为己"真的会"天诛地灭"。问题不在于是否为我和利己，而在于如何为我、如何利己。苏格拉底可以说是一个彻底的"自我主义者"，他"宁愿含冤受屈也不愿为恶"，因为"含冤受屈"是别人对自己

---

① ［英］乔伊·帕尔默. 教育究竟是什么：100 位思想家论教育［M］. 任钟印，诸惠芳，译. 北京：北京大学出版社，2008：24.

② ［美］伊万·伊利奇. 非学校化社会［M］. 吴康宁，译. 台北：桂冠图书股份有限公司，1992：61.

③ ［英］乔伊·帕尔默. 教育究竟是什么：100 位思想家论教育［M］. 任钟印，诸惠芳，译. 北京：北京大学出版社，2008：226.

不好，而"为恶"则是自己对自己不好，意味着自己要与一个"恶棍"终身厮守！也就是说，在他的判断中，自我是最终的标准。在这样的为我与利己中，德性得到了光大，他人得到了爱护，这样的利己有什么不好呢？他不避讳追求个人幸福，甚至将个人对幸福的期望视为人的最高驱动力（最高善），但在他的追求中，正义是幸福的保证，没有正义就没有真正的幸福，而正义既是自己灵魂的和谐，又始终包含着对别人的关心。谋生意义上的利己与此完全不同，这种利己具有排他性质，自身利益的获得以战胜别人为条件。物质利益与价值利益有"天壤之别"，前者是有限的、消费性的、排他性的，而后者则是无限的、生成的、共享的。正是因为物质利益的这种性质，教育引导人们去追求物质利益，几乎不可避免地倒向杜威所说的自私与利己；同样是因为价值利益的性质，教育对公正和爱的引导，哪怕是纯粹为了个人的道德与人格完善，也不会走向极端的自私。

## 三、"教育印刷术"：现代教育对人的降格

古代教育之所以是个别化、小规模的，当然有社会条件的限制，但恐怕也与对人和教育的理解有关。贯穿教育史的一个主题是，相信人成长的内在力量，教育只是外在引导。古希腊教育的一个基本教育思想是，教育只是将已经存在于学生身上的潜能吸引、激发出来的过程。对教育的这种理解，一方面体现出了对教育作用的克制，不认为教育是人成长的决定性因素，在教与学的关系上，以学为中心；另一方面，也体现出对受教育者的尊重，即把学生视为有内在精神成长动力的向善的人。对教育功能的克制性理解，使得教育以学生为中心，教育安排与教育活动不是以方便"教"而是以方便"学"为前提；相信人的成长的内在力量，使得教育本身也成为表达对人（尤其是对成长中的人）之尊重的一种方式。明白了这一点，我们也就不难理解苏格拉底为什么会有"无人可做教师"的断言了。他这样说，不是否认教师的作用，而是要强调说明，真正的学习只能靠学习者自己，只有学习者才是自己真正的老师。

对教的克制与对学的尊重共同构成了古代教育的精神与道德品质。教育是一项道德事业，教育这个词本身就蕴含着正向的价值判断，在这个意义上，教育就等同于道德。作为道德的教育，首先要尊重学习者，相信他

们有学习的能力，有向善的力量；教是为了不教，是为了激发学习者自身的潜能，教如果僭越了学，就违背了教育的道德本性。与古代教育相比，现代教育以大规模为基本存在样态，反映出的是对教的"放纵"和对学习者的贬低。现代教育对教之力量的自信与古代教育对教之力量的有限性的体认对比鲜明。夸美纽斯是"第一位现代教育家"，如果说现代教育是一个新世界的话，那这个新世界的大门就是由他推开的。夸美纽斯及其后来者与他们的先辈不同，对教之力量无比自信，他将自己的"大教学论"界定为：

> "就是一种把一切事物教给一切人类的全部艺术，这是一种教起来准有把握，因为准有结果的艺术；并且它是一种教起来使人感到愉快的艺术，就是说，它不会使教员感到烦恼，或使学生感到厌恶，它能使教员和学生全都得到最大的快乐。"①

夸美纽斯的这段话可以说是现代教育的宣言，传递出了诸多现代教育的基本思想。第一，教是艺术（技巧），不是道德活动。对教育的艺术化、技巧化理解，以古希腊的眼光来看，这是对教育的贬低。阿伦特根据自己对古希腊哲学的研究，将人类活动区分出不同的类型，位于最上端的是沉思生活，这是亚里士多德所说的人类似于神的活动；第二位的是政治生活，有理性、会说话的人是天生的政治动物，能够通过说理进行相互作用（这就是行动，也是本来意义上的政治），使正义得以实现；第三位的则是制作，即通过与物品的作用制造出各种各样的人造物，制作既包括各种技能，又包括作为制作之极致的艺术活动；处在末位的则是劳动，即为了满足直接生存需要的活动。根据这个分类框架，教育因为是人与人之间的相互作用，可以归为行动（政治）；又因为教育要将人带入沉思的神境，教育也可以归为沉思。无论如何，教育都不是技艺和艺术，因为技艺和艺术的对象是物，不是人。夸美纽斯将教学视为一种艺术，在现代人看来，这是对教育的褒奖，殊不知却是对教育的贬低！第二，教学和教育是"教的艺术"，不是"学的艺术"，强调的是教不是学。夸美纽斯甚至将教师的嘴当成了知识的源泉："教师的嘴就是一个源泉，从那里可以发出知识的

---

① ［捷］夸美纽斯. 大教学论［M］. 傅任敢，译. 北京：人民教育出版社，1984：3.

溪流，从他们（学生）身上流过，每逢这个源泉开放的时候，他们就应当把他们的注意当作一个水槽一样，放在它的下面，一点不要让流出的东西漏掉了。"① 这与古典时代"无人可做教师"的克制已经是判若云泥，教师成了知识的源泉，学生则成了接受的水槽。伊利奇关于现代学校是基于"学是教之结果"② 这一信条而建立的判断非常准确。教与学易位，教成了核心，学则遭到了贬低，学不再是过去的自我探求，变成了仅仅是接受教师所灌输的内容。作为学的主体，也由过去的自我完善者变成了"水槽"，变成了接受知识的容器。第三，教学活动是"准有结果"的机器操作活动。夸美纽斯受现代科学的影响，总是将教育中的人做物化的理解。在他的思想体系中，有很多对人的比喻，比如将人比喻成制作精巧的钟："人的本身不是别的，只是一种和谐而已，它像一个精巧的工匠所制的一座钟。"③ 这座钟的齿轮是意志，摆锤是欲望和情感，擒纵器是理性，总之人是类似于物化的机器。再复杂的机器只要掌握了规律，都是易于操作的，人类似于精密的钟表，操作起来并不难，教学就是操作这个精密仪器的过程。教学看似复杂，但一旦发现了正确的方法，就如印刷机印刷一样简单而高效。

自夸美纽斯始，教与学易位，学成了教的附庸，教育作为人类自我成长的精神内涵开始加速流失；将学生视为接受知识的容器，对他们做机器化理解，教育对人的尊重的道德内涵也开始加速消退。这一切都不是凭空发生的，而是社会需要的反映。如果不对教育做如此理解，大规模教育就没有存在的理论基础，就没有存在的合法性。夸美纽斯将学生理解为机器，将教师的嘴视作知识的源泉，是为其大规模教育构想做铺垫的。有了这些铺垫，他的"教育印刷术"才能成立。如前所论，"印刷机"在夸美纽斯的教育论述中是一个醒目的隐喻，他希望并相信教育犹如印刷术一样易行可靠。他先用自然现象来论证大规模教育的合理性，说凡是需要大量生产的东西都得在一个地方生产出来，比如木材在丛林里大量生产，草在田野里大量生产，鱼在湖里大量生产，金属在大地里大量生产。又用人类

---

① ［捷］夸美纽斯. 大教学论［M］. 傅任敢，译. 北京：人民教育出版社，1984：140.

② ［美］伊万·伊利奇. 非学校化社会［M］. 吴康宁，译. 台北：桂冠图书股份有限公司，1992：61.

③ ［捷］夸美纽斯. 大教学论［M］. 傅任敢，译. 北京：人民教育出版社，1984：35.

大量复制的活动来类比说明其"教育印刷术"的合理性，说一个面包师搓一次面，热一次灶，就可以做出许多面包；一个砖匠一次可以烧许多砖；一个印刷匠用一套活字可以印出成千成万的书籍。因此，一个教师当然也可一次教一大群学生。① 问题是，学生不是木头，不是草，不是鱼，更不是金属，教师不是面包师，不是砖匠，不是印刷匠，教学更不是生产和制作活动。

夸美纽斯对现代教育如此自信与乐观，也是因为他没能看到现代教育充分发展之后所暴露出来的弊端。杜威看到了，并对"学生听老师讲课"② 变成了教育的唯一形态痛心疾首。"教育不是一件'告诉'与'被告诉'的事情，而是一种主动的、建设性的历程。这个原理，在理论上，无人不承认，而在实施上，则又无人不违背。"③ 差不多一个世纪以前杜威着急的事情，今天依然没有解决，甚至更为严重。根源在于，大规模的现代教育建立的前提就是以教为核心，以教师的说和学生的听为特征的，这是现代教育结构中的东西，是现代教育的构成性因素，只要现代教育存在，它们就会存在。也就是说，现代教育与所谓的"讲述症"（narration sickness）和"静听症"是一体的，没有这些症状，也就没有现代教育。

如果说现代教育的"谋生化"是从教育目的上对道德的遗弃的话，那么，"教育印刷术"则从价值根基上斩断了教育与道德的血脉联系。在这种教育样态下，人变成了物，变成了可操控的容器，不再是有内在向善动力的精神存在，人在价值上被降格到物的水平。这种降格发生在教育的深层，并由整个教育肌体散发于无形之中，只要你进入教育场域，你就会在不知不觉中被感染。从广义上讲，这也是一种"道德教育"，一种传递着轻视人、将人工具化与物质化的"道德教育"。如果从道德教育的本真出发，现代教育是没有道德教育的。关于这一点，杜威洞若观火。他不无焦虑地指出，现代教育制度"使得任何真正的、正常的道德训练变得困难或者不可能"④。如前所论，教育是道德词汇，公然排斥道德就是排斥教育

---

① ［捷］夸美纽斯. 大教学论［M］. 傅任敢，译. 北京：人民教育出版社，1984：139.

② ［爱］弗兰克·M. 弗拉纳根. 最伟大的教育家：从苏格拉底到杜威［M］. 卢立涛，安传达，译. 上海：华东师范大学出版社，2009：6.

③ ［美］杜威. 民主主义与教育［M］. 林宝山，译. 台北：五南图书出版公司，1989：36.

④ ［美］杜威. 学校与社会·明日之学校［M］. 赵祥麟，译. 北京：人民教育出版社，1994：32.

自身。也正因为如此，虽然真正的道德教育不太可能，但名义上的道德教育还是存在的，但这种道德教育显然徒有虚名，也成了"教育印刷术"下一个小的"印刷环节"。

## 四、学校：一个道德贫乏的地方

现代人所理解的学校是一个"教育机构"，准确地说是一个"教校"，但学校的核心在"学"，它应该是一个"学习的地方"。作为学习的地方，人在这里不用为生存操心，或者说，学校为摆脱了生存负担的人们提供了一个反思、提升心灵的机会和场所。正是因为没有外在负担，摆脱了必然性需要对人的束缚，学校里的学习者才是自由的，在这里没有宗教、政治势力和世俗商业力量的偏见，有的只是对德性和真理的追求。因此，学校的理想状态是"真理的避难所"，是"道德高地"，是人类心灵的"灵修处"。应该承认，理想状态的学校在人类历史上从未真正存在过，但其作为价值指引，对人类一直有着巨大的"磁力"，吸引着人类的教育朝这个方向努力。古代教育，尤其是古典教育，曾经相当接近这种理想。但现代教育和学校，却离这种理想越来越远了，一个显而易见的事实是，学校成了一个"道德贫乏的地方"。

如前所论，现代社会科层化需要学校培养有基本文化素养的人，而社会的科层化反过来又影响学校自身的科层化。也就是说，学校与科层化的现代社会是一个双向互动的过程，学校为科层化奠定人的基础，而在这一过程中自身也向科层化靠拢，成了科层化的存在。大规模的现代工商业组织需要科层化的组织架构，同样，大规模的现代教育也需要科层化的组织框架。教育国家化也是学校科层化的推动力，因为国家化的教育对政府行政机构，尤其是教育行政机构有高度的依赖性，而这种依赖性本身就是学校科层化的表现。"学校科层制的特点不仅表现在学校的内部机构上，更多地表现为外部机构的控制"①，也就是说，学校是作为科层化的行政机构的一个环节而存在的。被科层化的行政机构所控制的学校，不可能另外

---

① ［以］舍勒莫·舍兰，等. 创新学校——组织和教学视角的分析［M］. 姚运标，译. 北京：中国轻工业出版社，2007：5.

建构出一套不同于行政机构的组织类型，只能按照"上位中心机构"的模型来组织自身，以便与其对接。

在教育国家化、民主化和正规化这多重力量的推动下，学校科层化已经是一个不争的事实。"专业化、权力等级、规章制度和非人格化这四个因素是科层制组织的基本特征"[①]，而现代学校都完全具备这些特征。专业化是现代学校正规化的一个基本要求，反过来，专业化也为现代教育的正规化提供了依据。如前所论，教育的专业化是从教师职业的专业化开始的，并由此拓展到教育的各个方面。学校系统中的权力等级再明显不过：从外部看，学校是教育行政权力等级系统的一个环节；从内部看，学校自身的权力等级系统也相当完备，不但存在于学校场域的工作人员之间，还深入每一个班级。现代学校与之前的学校不同，不是靠感情纽带和师徒关系维系，而是与一般现代机构一样，靠繁复的规章制度运作。在科层制机构中，人的感情和情绪是需要"锁在抽屉中"的干扰因素，是对效率的巨大威胁和干扰。这一特征在现代学校中也有明确而显著的表现，比如标准化、量化考试的盛行，就是为了排除人格和感情因素的干扰。把人物化、非人格化是现代学校教育司空见惯的做法。正如巴兰坦（Jeanne H. Ballantine）的观察，"20世纪以来，学校规模愈大，结构愈加科层化，其许多特征与韦伯的'理想类型'科层制机构特征愈相似"[②]。

作为"道德高地"的学校，却由于科层化而成了道德贫乏的地方，因为科层机构本身就是排斥道德的。在科层制机构中，规章制度代替道德成为指导人们行为的标准，在这里，规则就是一切，如果你履行了自己的道德责任而没有遵守规则，那么等待你的必然是处罚；相反，如果你遵循了规则而漠视了道德，那么一切正常。不可否认，科层制机构的规则与道德可能是一致的，也可能是不一致的。即使是与道德一致的规则也无法代替道德，因为道德是人内心的声音。更何况科层制机构所制定的规则是为机构效率服务的，不是为道德服务的，为了效率，一切都是可以牺牲的，包括道德。比如，学校生活中的标准化考试，其在道德上的漏洞如此明

---

① ［美］彼得·布劳，马歇尔·梅耶. 现代社会中的科层制［M］. 马戎，等，译. 上海：学林出版社，2001：7.

② ［美］珍妮·H. 巴兰坦. 教育社会学：一种系统分析法［M］. 朱志勇，范晓慧，译. 南京：江苏教育出版社，2005：125.

显，但为了所谓的教育效率，其存在就是合理合法的，就可以免除道德上的责难。在科层化的学校中，效率追求代替了道德目的，规则则代替道德成为行为的准则，学校也就与其他科层制度一样"没有任何道德准则可言"①了。

科层化的学校不但没有道德的位置，甚至没有人的位置。科层化体制里没有人，只有各种各样的角色，人只能龟缩在角色的甲衣里并尽量不散发出人的气息。每个角色的全部任务就是完成体系对角色的要求，至于别人的命运和遭遇，那是完全与己无关的。这也是最应该充满同情和爱的学校，为什么那么冷漠的制度性根源。那些所谓落后的学生，本来应该得到更多的关心和爱护，但在一个不具有人情味的科层化学校中，他们的劣势反而成了遭受冷遇的理由。弱者不值得同情，其实，在科层制的学校里，谁又不是弱者呢？本来有血有肉、有情有义的多样化的人，都被简化成了非人格化的角色或数据化存在，都是强大体系可有可无的小部件！教育是尊重人的一种方式，而科层化的学校将人贬低为非人格化的物件，这正是教育现代化所必须承担的后果。

科层化的学校对人的排斥还表现在对儿童生活的排斥上。儿童的世界是一个他们个人的自在的世界，这个世界由游戏和想象建构而成。在这个世界里，事实和规律都不重要，重要的是他们的感情和想象。但儿童的这个世界是无法进入科层化的学校生活的，只要他们踏入学校的大门，这个世界就被关在了学校的大门之外。杜威说："从儿童的观点来看，学校的最大浪费是由于儿童完全不能把在校外活动的经验完整地、自由地在校内利用；同时另一方面，他日常生活中又不能应用在学校学习的东西。"②儿童就是这样的人，他有他的世界，将他的世界排斥在外，实际上也就是将儿童自身排斥在外。学校表面上接纳了儿童，但实际并未将他的世界接纳进来，而是接受了作为可以改造和灌输的物化的存在。对儿童生活的这种排斥，显然是一个现代现象，在学徒制、家庭教师制的教育形态下，是不可能发生的。即使是相对正规的小规模私立学校，也是类似于家庭的共同体，没有对儿童生活的这种正规化、制度化的截然分离。

---

① [加]纪克之. 现代世界之道[M]. 刘平，谢燕，译. 北京：北京大学出版社，2010：34.
② [美]杜威. 学校与社会·明日之学校[M]. 赵祥麟，译. 北京：人民教育出版社，1994：61-62.

现代学校的道德贫乏还表现在学习内容上。现代教育从内容上摒弃了过去的人文与道德性内容，用自身的"言行"时刻暗示或明示着这些内容的低价值和无价值。现代学校教育赋予科学知识最高的价值，使整个教育内容几乎是科学知识一统天下。科学知识作为教育内容的主体，甚至是教育内容的支配性构成本身并不是问题，问题是科学知识学习的目的何在。如果能够参照人文与道德需要，将科学知识作为人类理解的一种方式，那么科学知识的学习不但有助于年青一代理解世界，也有助于他们理解人性和社会。现代学校教育中的科学知识学习缺乏这种意识，仅仅是按照科学知识的工具性作用，即其在谋生中的作用去学习的。在现代学校中，科学知识的学习就变成了掌握纯粹客观的知识，失去了人文与道德的根基，使教育内容越来越"道德贫瘠"。更严重的是，现代科学技术本身存在着"结构性非道德"，如果没有人文和道德的引导，现代科学技术的非道德因素就会膨胀，进一步侵蚀学校的道德内涵。作为现代科技源头的古代理论沉思是近乎神的活动，本身具有神圣性。这种沉思不改变自然和世界，与人世也保持着距离，不侵犯道德底线。更重要的是，沉思是对物质利益和个人必然性需要的超越，间接孕育着诸如节制、审慎、适度等德性，是人性和道德升华的一种方式。现代科技将自然视为对象，揭示自然秘密的知识冲动导致对审慎、节制、适度等德性的忽视。不可否认，在知识冲动之外，现代科技也有"人道目的"，即为改善人类生活服务，但科技的这种实用性以及其对自身能力的许诺，加剧了现代人对科技的盲信，进一步贬损了节制、适度等美德，激发了人类无限贪婪的欲望。而现代科技通过实验"逼迫自然说出自己的秘密"的研究范式折磨自然、改变世界，存在着巨大的道德风险。更不用说现代科技的道德冷淡，包括作为一种技术手段，任何人都可以利用；科技的复杂效应，一项成果的发明，可能远离其初始目的；现代人可以为任何目的而从事科技发明。现代科技正是摆脱了"道德负担"，才有今天的成就，"所谓科学在道德上的缺陷，不仅不是犯罪，而且简直是繁荣科学的前提"①。

---

① ［德］奥特弗利德·赫费. 作为现代化之代价的道德：应用伦理学前沿问题研究［M］. 邓安庆，朱更生，译. 上海：上海译文出版社，2005：2.

# 道德智慧培养的意义与局限

四川师范大学教育科学学院　郑富兴

近年来，许多研究者都倡导要培养学生的道德智慧，把道德智慧视为学校道德教育的目的、核心与灵魂。他们认为，当前的学校道德教育由于强调学生对规范的服从以及道德教育的知识化，所以注重道德知识的传递与灌输，但是忽视了道德智慧的培育与生成。这些看法无疑有着积极的意义，笔者也深为赞同。但是现有探讨大多局限于哲学或心理学角度，并不能回答培养道德智慧在当下中国学校中意味着什么，也没有揭示和分析培养道德智慧需要什么样的社会条件。从社会学角度探讨道德智慧培养的意义与局限，既能回答现当代社会与学校里培养道德智慧的必要性和可能性，又是突破当前学校德育困境的一种尝试。

## 一、道德智慧：社会结构中主体的可能选择

当前，关于道德智慧的界定存在较大分歧，大致可以分为境界说和能力说两种类型。道德智慧的境界说认为，道德智慧是人的一种自由的生命状态，是人生境界的一种表现方式。例如，肖群忠认为，道德智慧"是指人正确选择行为、善处人际关系、达致人生幸福和至善目的的特殊智慧品质"[①]。黄富峰认为，"道德智慧是对人生的整体洞察，培养道德智慧的最终目的是获取人生的幸福和自由"[②]。因此，道德智慧的境界说务虚，持一种综合思维。道德智慧的能力说认为，道德智慧是个人解决道德问题的

---

① 肖群忠. 伦理与传统[M]. 北京：人民出版社，2006：143.
② 黄富峰. 德育思维论[M]. 北京：人民出版社，2006.

综合能力，是聪明才智与善良之心的合金①，进而指出其构成，例如包括道德选择能力、道德感知能力、道德想象能力与道德评价能力等。② 因此，道德智慧的能力说务实，持一种分析思维。

道德智慧的境界说和能力说分别是哲学角度的界定与心理学角度的界定。境界说更多强调道德智慧的整体表现，适于表达作为道德教育的目的以及人生境界的道德智慧，因而具有理想性，是终点和结果。而能力说则强调道德智慧的分解要素，适于表达作为道德教育内容的道德智慧，因而具有现实性，是起点。显然，从能力到境界是有很大距离的，而道德教育则致力于沟通这一距离：从现实到理想，从分解要素到浑然一体。所以说，能力说更具操作性，是一种教育心理学的理解；而境界说是一种远景引导的目标，是观念层面的哲学理解。道德智慧的境界说和能力说是相辅相成的关系：能力说是达致境界说的基础，而境界说是引领能力说的方向。境界说可以视为一种传统的道德智慧理解，而能力说可以视为一种现代的道德智慧理解。

关于道德智慧的这两种界定都有各自的缺陷。境界说比较模糊笼统，对于大众来说，还有点神秘玄虚。道德智慧的能力分解，抛弃了一切先验的神秘性，对道德智慧的理解具有科学性。但是如果过于强调道德智慧的心理学理解，就容易使道德智慧培养沦为一种技巧或技能训练，产生去道德化的结果，走向道德的反面。

道德智慧的两种界说忽略了社会维度的分析。道德智慧是道德方面的智慧，这意味着其对象是人与人、人与社会的关系。教育的具体性（针对具体的学生）与实践性强调了人是一定结构中的人，一定文化中的人。因此，道德智慧是人与社会关系的价值把握。哲学角度的道德智慧分析也体现了一种社会思维。亚里士多德的实践智慧论是一种典型的传统道德智慧观。实践智慧是关涉选择的，能够做到中道需要一种实践智慧（phronesis）③；实践智慧关涉如何确定中道，即在恰当的时间、恰当的地点，以恰当的方式，对恰当的人的行为。恰当的时间、地点说明了道德智慧是在

---

① 郑红，汪凤炎. 论智慧的本质、类型与培育方法[J]. 江西教育科研，2007（5）.
② 吴安春. 论道德智慧的四重形态[J]. 教育科学，2005（2）.
③ 英文译为"prudence"或"practical wisdom"，而中文译为"明智"（苗力田）或"实践理性"（包利民）。本文采用"实践智慧"的译法。

一种社会空间里展现的，是某一社会空间里的选择。心理学角度的智慧分析也体现了一种社会思维。斯腾伯格（Robert J. Sternberg）对"智慧"定义的最新表述是：以价值观为中介，运用智力（intelligence）、创造性和知识，在短期和长期之内通过平衡个人内部、人际间和个人外部的利益，从而更好地适应环境、塑造环境和选择环境，以获取公共利益的过程。① 这一定义强调了价值观调节下个人与外部环境的适应与平衡。人与社会或外部环境的适应与平衡意味着道德智慧需要一种社会角度的分析和讨论。

道德智慧的社会维度分析是一种主体（agent）与结构（structure）的互动关系视角。结构是一种外在于人的制度结构和文化结构，蕴含了人的自我理解，包括了语言、价值及其文化意义以及普遍的道德规范，而主体存在于这种结构中。根据社会哲学的个人与社会的关系，一方面，社会结构对个体产生决定性影响，如社会化过程②；另一方面，如果过于强调结构就成了"唯结构论"，具有贬抑人的自由意志或主观能动性的倾向。社会学上有时用"能动性"（agency）说明个体的重要性，能动性概念常常被提出来与功能的和结构的观点相对应。人不是被动地接受社会安排，个体还有某种相对自主性。人的能动性意味着个体有选择和行动的自由，我们有选择行动的能力，但是我们不可能任意地选择。主体与结构的互动关系是个人与社会互动关系的表现。主体与结构的互动关系就是把社会结构的限定与人的能动性和创造性结合起来。

社会维度视野中的道德智慧是指主体在既定结构中自主选择以平衡各种冲突的价值的品质或能力。选择意味着既有可能的选择，又有不可能的选择。人一生中会面临许多选择，最难的选择就是两难选择或者一生重大时刻的选择。不同的选择意味着不同的人生与自我。"两难"意味着鱼和熊掌不可兼得。这种两难选择是善与善之间的选择，而且选择其中之一不仅不能兼顾另外一个，而且可能损害另外一个。明智的选择是需要智慧的。一个人只要牵涉如何对待其他人，牵涉个人生存的机会及决定和选择如何生活得更好的问题时，就必然涉及道德智慧。具有道德智慧的人，其

---

① 转引自汪凤炎，郑红. 五种西式经典智慧观的内涵及得失[J]. 自然辩证法通讯，2010（3）.

② 李幼蒸. 结构与意义[M]. 北京：中国社会科学出版社，1996：107.

言行中透露出一种勤于、善于和敏于领悟社会及其发展的意识与能力。

　　道德的选择需要智慧是因为选择既要有道德基础，又要有理性基础。道德智慧不仅是能力的问题，而且更是一个如何对待道德的问题。结构既是约束条件，又是价值调节。智慧是对可能性的处理与选择。可能性是指每种选择都是在无法完全了解背景和结果的情况下做出的选择，即信息不完全条件下的选择。但是现实中很多困扰都是关于人们如何才能够正确地做正确的事——既达到自己的目的，又符合道德原则或道德规范。"可能"与"困扰"固然因为无知，但更多的是人们在考虑要不要"正当"和"应该"的时候存在模糊不清或者心存侥幸等心理。这里存在一个"道德运气"的问题。英国哲学家伯纳德·威廉斯（Bernard Willams）认为，纯粹运气左右了我们的幸福或者我们对幸福的感受，而且实际上塑造了我们各种各样的选择，影响了我们对自己和他人行为的道德评价。① 社会生活的复杂性与社会发展的不确定性并不允许我们把所有的因素都考虑得清清楚楚。我们的选择都是根据我们在世界中的处境和我们对生活的理解与体验来决定的。道德选择本身也不可能是一件完全不受运气和境遇所支配的事情。因此，道德智慧的理性基础是一种有限理性。由于是有限理性，所以有了道德智慧并不一定能够保证正确的行为。不完全信息条件下、时间与空间限制条件下的选择必然有风险。道德智慧帮助人们权衡自己所处社会结构的各种情况，决定采用符合自己认同的道德准则的最佳办法。但是这不能保证这种选择是正确的行为，大多数情况只能是"两利相权取其重，两害相权取其轻"这种功利主义的选择，以及明确这轻重是对谁而言，在什么时间、地点而言。

　　因此，从主体与结构之间的关系来看，道德智慧是在社会结构中的一种可能选择。选择的两难困境往往是个人在自己所属社会结构中的地位与角色的束缚使然。例如，《天龙八部》中乔峰之死鲜明地体现了这一点。在辽宋势不两立的背景下，汉人养大的他面临着与同族契丹人的敌对状态，他不能容忍契丹人侵汉族，但又不愿和不能背离自己的同胞。在这种选择的两难境地中，无论如何抉择，其结果都是悲剧性的。这是需要大智慧的选择。社会结构的束缚表明了个人道德情境的丰富性、偶然性、矛盾

---

① ［英］伯纳德·威廉斯. 道德运气［M］. 徐向东，译. 上海：上海译文出版社，2007：20.

性和复杂性。一味迁就主体的欲望，或者一味屈从社会结构的要求，都不存在道德智慧。道德智慧存在于主体与结构之间，即追求主体与结构之间的平衡与和谐。在既有的社会结构里，个人可能有自己对社会的超越，但更多的是在适应社会结构的前提下寻求超越。在既有的社会结构里，主体有所为有所不为：有所为，是为了大善而不拘小节；有所不为，是坚持原则，有所批判。明确了何时、何地、何人、何事怎样可为与不可为，这就是道德智慧。

## 二、走向陌生的世界：培养道德智慧的现代意义

当代社会的重要特征是其"流动性"①。在时间上，人们生活的结构存在着传统社会与现代社会的变迁，这就是常说的"社会转型时期"。在空间上，人们在不同社会结构里穿梭，如熟人社会与陌生人社会之间，家庭、邻里、学校、工作场所与民族国家等之间，以及现实社会与虚拟社会之间。这意味着现代人的生活结构是变动不居的。现代通信技术和传媒的发展、旅游业的发展都大大拓宽了人们的生活视野，昔日遥不可及的东西现在近在咫尺，成为个人体验的一部分。现代人的一生，随时都可能走出自己的家乡，走向陌生的世界或者他乡，远方的陌生人也会走向我们。

从社会结构的时间—空间维度看，学生的成长结构是从一种确定的、熟悉的结构转向另外一种不确定的、陌生的结构。从家庭走向社区，从社区走到学校，从家乡走到另外一个陌生的城市、乡村、小镇，甚至走到国外，从现在的家乡走到未来不可知的家乡，从现实的社会走进虚拟的网络社会。在不同的社会结构里如何行为，需要主体的创造性和想象力。

在许多人的印象里，道德教育似乎就是培养人听话的教育，而衡量道德教育的实效性也是看学生是否听话，即对社会结构的规范与要求言听计从，循规蹈矩，一旦出现了背离这一行为预期的行为就大呼学校德育低效。这实际是让学生适应一种社会结构里的生活。也许在传统熟人社会里，这一社会化思维有其合理性和效果。但是在流动的现代社会里，这种社会化道德教育思维却如同刻舟求剑。有人说学校里的学生很纯洁，也很

---

① [英] 齐格蒙特·鲍曼. 流动的现代性[M]. 欧阳景根，译. 上海：上海三联书店，2002.

傻，也有人说，现在的学生很狡猾，不再像学生了。这是因为评价者总是以社会化思维来看待学生的行为，但是学生已经对学校与社会、家庭不同的道德标准或价值规范有了自己的判断，因而表现出适应不同结构的平衡能力和选择能力，这是一种自发的智慧。这恰恰说明当代社会结构分化和碎片化，需要重视学生的道德智慧培养，也说明当前学校教育显然已经滞后于现实社会的发展。学校需要培养学生适应现代社会里不同的、陌生的结构的能力，通过自主的判断、选择，达到个体道德发展与所遭遇的陌生结构的平衡。

道德教育不是培养老实人、听话者，而是要培养有自己主见的人，即激发道德主体性。唯唯诺诺、循规蹈矩的传统德育思维培养出的学生不能适应不同社会结构之间生活的选择与平衡，自然缺乏道德智慧。最终学生在社会上经历了怎样的变化呢？道德的学生在不道德的社会里如何适应、生存与超越？不少学生被社会欺骗与伤害，于是学校、家长与学生都发生了很多变化：父母担心自己的孩子在社会上吃亏上当，总是教导孩子要"害人之心不可有，防人之心不可无"；少数教师开始对学生讲，读书就是为了出人头地；而经过各种社会结构中的辗转颠簸，曾经的"愤青"也许已成为传统的守护者，昔日的小乖乖也变得圆滑世故。这种适应与成熟令教师摇头苦笑，陷入一种困惑和无所适从的状态。

流动的社会要求学校道德教育培养学生适应个体化与陌生人社会的交往和生活能力。走向陌生世界意味着学生要独自面对没有指南的人生。在这里，以往在熟人社会里习得的规则已经错位，需要重新解释。例如，在家乡的小镇，人们的交往规则是热情好客、知无不言，但是在现代化大都市，"热情好客"却遭遇"不与陌生人说话"的新规则的冲击。如果不能适应这一新规则，个人就成了孤独的个体，在新的环境里处处碰壁。这时候，没有人来教这些规则，只能通过"吃一堑，长一智"的社会教育来让个体适应新的环境。在乡村与都市之间的辗转，其间的变化需要穿行于两种社会结构里的人形成一种道德智慧，否则就成为两种社会结构里的边缘人——一种更加孤独的个体。

主体与结构的道德分离还体现在个人在糟糕的道德环境里应当如何做，如何面对糟糕的道德环境。是批判还是洁身自好？在不道德的社会里，道德的个人应如何面对？如果整个社会道德败坏，学校道德教育的社会化思维已然是不行的。在个人结构性存在的审视下,"日久见人心"意味着学校道德教育应该为学生在将来真实社会里的道德生活做准备;"人间正道是沧桑",坚守昔日的道德品质是需要道德智慧的。当然,前提是个人选择了善良的生活路线。

沟通主体与结构之间相互分离的关系是通过道德智慧来实现的。一个人一生会经历很多种社会结构:家庭、学校、邻里、社区、异地他乡等。如前所述,道德智慧是个人能够正确得体地处理主体与结构、主体与主体之间关系的心智品质或德性。这种"正确得体"可能是一种"中庸",具体的处理方式随主体面对的具体的结构性情境而定。因此,我们不再关注主体的道德,或者社会结构的规范与要求,而是关注处理主体与结构之间的关系(包括个体道德与社会伦理之间的关系)的更上位的德性,这就是道德智慧。道德智慧作为结果,就是一种德性;作为过程,它也有自己的道德规范或准则。超越道德教育中主体与结构之间非此即彼的二元思维就是一种道德智慧的表现。因此,个人如何消解主体与结构之间的道德冲突从而获得一种平衡或中道是一件难事,而成功处理这件难事也就形成了智慧。

当前学校教育显然缺乏教导学生如何应对不同社会结构之间的生活与交往的意识,学生也不知道在不同的、陌生的情境下如何交往与行为。学校没有教会学生怎么做,遇到了情况如何办,学生受了打击后就加强心理健康教育,这是一种危机干预式的回应,而不是前瞻的预见。

放弃学校的教育责任或者无视社会结构的分化特征都不是明智的选择,学校教育必须直面社会的伦理现实。道德智慧是一种在国家、社会、传媒等社会结构与个体互动关系里的个体生存智慧。道德智慧的获得在于对道德规范的情境性把握,即在具体的、不同的社会结构中灵活运用。因此,培养学生的道德智慧,其现代意义就在于帮助学生走向陌生的世界,让学生认识到在这样一种糟糕的道德现实里做一个有道德的人是需要大智慧的,帮助个体在不同的社会结构里学会适应且有所超越,从而获得一种善的人生与幸福生活。

## 三、制度化与工具化教育：培养道德智慧的外在局限

道德智慧的培养与制度化的学校教育存在矛盾。现代公共学校是现代性的产物。从西方公共教育制度的历史来看，公共学校最初是一种以道德教育为主要任务的社会机构。从近代教育史上不少教育家的论述可以看出这一点。① 公共学校道德教育的目的在于社会整合（如培养国家认同）。但是，随着现代生产的扩大与升级，学校逐步集中于科学教育，重视学校的专业化和管理，科层制逐步成为学校的管理体制。科层制是一种管理和组织形式，其基本特征为专业化、制度化和非人格化。科层制的合理性就是工具理性，其目的是追求最大效率。② 学校也从学习共同体转变为教学工厂，工具理性充斥了学校教育实践。这种学校科层制表现为学校生活的高度规划性，同时具有效率崇拜和工具性特征。③ 在现代学校里，道德教育从教育目的沦为教育手段，学校教育的现行实践（日常学校教育的仪式、集会和班会、规则和条例、服务的目的、追求的赞助、接受外在的压力和指导）丧失了道德意义，成为学校管理的工具。同时，道德教育在现代教育评价制度中，因其缺乏可测量性，而被现代学校教育所忽视或排斥。按照亚里士多德的观点，道德智慧只有靠时间和经验才能获得。传统的道德智慧培养方式绝对不适合现代学校教育。"百年树人"，一个人道德品质的形成和道德智慧的养成在短暂的两三年时间内是难以看出来的。因此，忽视道德智慧的培养是现代学校教育制度的必然结果。

工具理性对今日学校教育的影响和渗透是广泛而透彻的。教育工具化是现代教育的必然特征。当前许多人批评学校教育充满了功利性，实质就是指教育的工具性。工具化教育必然是功利化的教育。"读书改变命运"使得人们把教育视为个体借此提升自己社会地位或者获得幸福美满生活的工具。在当代社会，由于资源的有限性，很多社会中下阶层家庭把接受教

---

① ［英］齐格蒙·鲍曼. 立法者与阐释者：论现代性、后现代性与知识分子［M］. 洪涛，译. 上海：上海人民出版社，2000：91.

② ［美］彼得·布劳，马歇尔·梅耶. 现代社会中的科层制［M］. 马戎，等，译. 上海：学林出版社，2001：27.

③ Michael Smith. *After Managerialism：Towards a Conception of the School as An Educational Community*［J］. *Journal of Educational Philosophy*，1999，33（3）.

育作为争夺生存资源的手段。许多家长都非常重视学习技术类或垄断行业的专业，让自己的孩子拥有一技之长，做个有用的人。这些朴素的认识都揭示了家长们关于教育价值观的假设是：教育是提高个人社会地位与保证个人生存的重要工具。为改变社会地位和个人生存而受教育的功利教育价值观，自然决定了人们对学校教育的价值期待就是学习实用的东西，实用的判断标准就是能否有助于个人的升学和就业：中小学教育重视升学，而高等教育重视就业。国家教育的目的在教育个体化的现实中已经被架空了。对于国家而言，这样的教育难以培养出实现富国强兵、民族复兴的人才；对于学生个人来说，这样的教育对于他们而言成为一种异己的存在和压抑的生活。应试教育与专业教育都是一种工具性教育。工具性教育的结果就是让学生成了工具。

学校教育的工具化不仅扭曲了学校教育的本质，更可能危及学生的长远发展。工具理性主导下的学校教育不仅因为时间与效益的原因忽视道德智慧培养，而且反对道德智慧培养。学校道德教育大多沦为一种管理工具。正如有人所说："（在应试教育的排挤下）作为德育重要载体的德育活动，大多偏离了'育人'和'育德'的宗旨，出发点大多是为了防范学生发生问题，目的是把学生管住，以维护学习秩序。"① 道德教育成为学校维持教学秩序的工具。学校只关心提高教学质量（考试分数）这一目的的达成，只关注学生是否听话，至于这个目的和选择的手段在道德上是否合理就不再考虑了。学校教育的目的窄化为训练学生的应试技能和传授一定的知识，这是工具理性在教育和道德教育实践中的反映。工具化教育培养出来的人自然成了工具。道德智慧的根本在于个人行为符合道德的或善的目的。工具固然有聪明才智，但是它决定不了自己的行为目的。也就是说，工具可以为善，也可以作恶。因此，道德智慧无从谈起，而且工具化教育还要反对这种从伦理角度审视行为目的的自主意识。

但是，上述论述并不是否认学校化德育。从生活化德育到学校化德育的转变是现代社会变化影响的结果。现代社会是一种陌生人社会，城市化进程使得很多年轻人都想离开自己生活的家乡小镇到大都市，而父母担心自己的孩子被陌生的都市所诱惑，即害怕主体被结构所吞噬。因此，需要

---

① 言实. 德育：首要地位落实了吗？[J]. 内蒙古教育，2001（5）.

提前集中地对自己的孩子施加道德教育，学校道德教育成为重要手段。不过问题在于，即使儿童在很早时期就形成了稳定的道德倾向，但是仍有一个如何面对或应对陌生社会的生活与交往的问题，即如何与陌生人交往。把客观道德运用于自己的多样生活中，这就需要一种道德智慧。当前，反对学校知识化德育的生活德育论，使得道德智慧的培养有可能成为学校道德教育的重要目的。现代社会里学校本身就是一个充满了价值冲突的环境，因为学生来自于不同的家庭和阶层。学校道德教育不能放弃自己的责任，但是又不能搞学校一统。在真实的学校生活里，培养道德智慧成为当代学校道德教育的重要目标。

从主体与结构的关系来看，在制度化生活中学会道德智慧是最具价值的，尤其在现代社会里。现代社会是工具理性主导的社会。工具理性主导意味着人们不能决定自己行为的目的，当自己的行为与社会道德和个人良知产生冲突时，人往往无所适从或者屈服外力。如汉娜·阿伦特（Hannah Arendt）在评价艾希曼时认为，做出穷凶极恶的罪行的这个人是如此平庸，他认为自己的行为只是执行上级的命令，传达文件与指示，对于屠杀犹太人不能承担责任。[①] 屈服于制度的安排而失去了道德良知的起码判断，成为工具的他自然没有道德智慧而言。因此，在制度化的学校教育过程中，我们更应该培养学生面临制度与个人的道德冲突时的道德智慧。现代社会是个组织社会，这些组织大多是科层制度管理，强调人对组织的忠诚与服从，而非道德良知。主体的道德良知与社会结构的不道德情况相比，个人往往更容易屈从于结构的力量。因为，集体的行为由集体承担责任，这就减轻了个人的内疚和责任。主体面临自己所在组织的不道德的工作安排时如何选择、判断，是最能考验个人的道德智慧的，也是最能锻炼人的道德智慧的。学生将来会进入各种组织之中。学校教育在既有制度化生活下，有意识地培养学生处理是忠诚于组织还是听从普遍道德要求这样的难题，这为学生将来在工作岗位上处理这种两难困境的道德智慧奠定初步基础。因此，工具化学校制度下的道德教育更加需要强调培养学生的道德智慧。

---

① ［美］汉娜·阿伦特，等. 耶路撒冷的艾希曼：伦理的现代困境［M］. 孙传钊，译. 长春：吉林人民出版社，2011.

当然，这里涉及如何在既有工具化学校制度下实施这种培养道德智慧的道德教育的问题，例如由谁来实施这种教育。因为工具化学校制度是反对或无助于学校道德教育的。这就涉及学校的民主改造、道德教育的批判性等需要深入探讨的问题，毕竟通过学校来实施道德教育本身似乎强化了制度的控制。学校的道德生活、学校制度的伦理性自然成为道德教育研究的重要领域。因此，对学校道德面貌的改造本身就是一种培养学生道德智慧的道德教育。

## 四、现代道德智慧的形式化：培养道德智慧的内在局限

一般认为，道德的实践本质要求学校道德教育培养道德智慧。这一认识的确道出了道德智慧的实践特性，但是它依据的是古代道德智慧的特征。在中国儒家的道德规范体系中，道德智慧是"三达德"（智、仁、勇）之一，也是"五常"（仁、义、礼、智、信）之一。这是一种社会生活中的人事之智。① 古代中国社会非常强调道德修养，即"世事洞明皆学问，人情练达即文章"。"在中国，道德从来就是实践'做人'的学问。以'修身、养性、齐家、治国、平天下'为主导价值观的传统伦理思想和强烈的处世态度决定了实践在道德中举足轻重的地位，通过行动践行人伦关系的要求乃是道德的最高境界，人格的磨炼最终落实在人生或现实生活中。"② 躬身实践不仅是士阶层的行为，也是想有所作为的百姓的想法。道德智慧在西方古代和中世纪被当作四大德性（明智、勇敢、自律、公正）之一。在西方，伦理道德更是实践的学问，遵循的是实践理性，尤其是德性伦理学。亚里士多德认为，要形成一种品格就要有相应的实践。亚里士多德的实践智慧论与中国儒家的"经权统一"的观点对道德实践的复杂性的认识是很清楚的。如何权衡实际场合的各种因素以做出有道德的选择与行为，需要很高的道德智慧。道德智慧也可以说是道德实践的辅助或者必要手段，即以智慧来保证"我"成为一个有道德的人，以智慧来实现"我"的道德承诺，以智慧来维系社会的基本道德标准。

---

① 肖群忠. 伦理与传统[M]. 北京：人民出版社，2006：140-141. 他把道德智慧称为"智德"。

② 朱洪发. 道德教育的本质在于实践[J]. 山东师范大学学报：人文社会科学版，2005（1）.

道德智慧不是人们所认为的只是一种处理棘手问题与道德困境的综合能力，它具有自己的本体论预设。道德智慧是与传统社会的共同体特性相适应的，而学校的社会化道德教育尤其如此。前现代社会强调道德智慧是因为古代社会本身流动较少，是一个共同社会，因而人的经验很重要，在熟悉的环境里很多东西具有可重复性。所以才有人说，"不听老人言，吃亏在眼前"，而饱经沧桑的老人往往成为智慧的象征。因此，在传统社会里，道德智慧对于个人的人生与生活具有重要价值。但是在现代"同喻社会"里，由于其陌生化与个体化的特征，个人在特定时空下获得的经验在将来或者异地他乡未必具有价值。这时，对道德智慧的理解和道德智慧的价值有了新的变化。道德智慧在现代社会更难获得，当然也更有价值。但是从社会预设来看，道德智慧的确与现代道德理解有很大隔阂。道德智慧追求的是一种和谐平衡的社会观。从亚里士多德的追求符合"中道"到儒家学说"经权论"的中庸，都是传统社会的和谐观。这与现代人追求和捍卫自己权利的解放社会观或冲突社会观是不同的。可见，道德智慧在现代社会里产生了结构性错位：和谐、平衡的社会观与现代的个体化与陌生化社会观是不相符的。

古代的道德智慧就是一种实践智慧。从主体与结构关系的视角来看，传统社会的德性伦理把智慧作为一种重要的德性，强调在复杂的现实环境里实现道德的承诺或标准时要权衡利弊，追求平衡，以获得和谐的人生与有序的社会。传统社会里存在道德共识，人们就是遵循这些"矩""经"不断地修行、实践，靠着时间和经验，到了老年或者一定年龄就能达到从心所欲不逾矩的境界。

从传统社会到现代社会，道德智慧所依据的道德规范从固定变为流动。传统社会里存在道德共识，道德智慧的"中道"与"经"似乎是确定的，这是每个人的人生与生活的"锚"。但是，在没有了固定准则的现代社会里，现代人对这个"锚"的固定与否、合理与否提出了质疑。在当代社会里，权衡道德智慧的标准（"经"或者"中道"）本身就已经游移不定，曾经的"经"成了人们审视与反思的对象。道德智慧表面看不受重视，其实更加复杂。我们不仅要反思智慧背后的道德规范，还要面对复杂多样、冲突纷乱的道德环境。我们的智慧不仅是运用规范于具体情境中的能力，而且是如何看待价值多元与不同情境的能力。规范伦理学取代德性伦理学成为历史的必然。

现代社会谈论道德智慧，不仅是实践的问题，而且是理性和反思的问题。现代人的启蒙、自由、平等使得人们权衡的不是我们应该怎么办，而是我们应当选择什么样的规范来指导我们的人生与生活。现代社会没有道德共识，困扰现代人的不是如何去实践，而是面对不同的"矩"该选择哪一个。面对冲突的原则或"矩"，个人应该持何种道德承诺或标准本身需要一种选择的智慧。确定了这种"矩"，学生也才能像获得传统道德智慧那样，不断去修行。所以，今日人们的选择多元化，源于价值的多元化。有人选择信佛，有人选择练瑜伽，有人选择信基督，有人选择信金钱；有人选择去圣地，有人选择去酒吧；有人学习菜根谭，有人学习励志书……但是，焦虑、迷失成为现代人生活的主要状态。现代社会的个体化与陌生化使得个人获得解放，过于关注自我并维系自我的权利，不肯屈服于社会结构，不肯迁就于他者。这样，个体与个体之间的冲突不断。相比之下，道德智慧强调权衡与平衡，追求社会的和谐，自然承认主体与社会结构相互之间的容忍或者宽容。有时在强大的社会力量面前，个人只能接受既有的社会现实，摆脱不切实际的幻想，在有限的条件下做出自己恰当的人生选择。有时，在陌生的他者面前，我们会主动去理解他者，与他者平等对话，形成一种得体合宜的人际关系。道德智慧背后有着宽容、豁达、尊重、责任等积极的道德价值。

现代的道德智慧更强调一种理性智慧，具体就是反思的平衡（reflective equilibrium）。通过反思的平衡获得"经"或者准则很难达到所有人都一样的结果，如康德设想的"绝对律令"。个体的反思结果仍然是道德分歧，大家都不会选择或者很少选择"双赢"的结果，自然不会产生智慧。没有道德共识，自然难以产生前现代社会的道德智慧。这是规范论不重视道德智慧的原因。现代社会的道德智慧存在于个体道德准则的形成过程中，而不是像传统社会那样存在于个体根据社会的道德共识处理具体道德问题或者应对具体道德情境做出选择的能力上。

因此，现代道德智慧具有形式化特征，它的重心不是在若干社会结构中去践行固定的共识性道德，而是在不同社会结构中去选择不同的甚至相互冲突的价值作为践行的对象。陌生化与个体化的现代社会里，道德智慧的重点变为对应当持有何种道德原则或道德标准的反思性平衡，然后再据此处理生活与社会结构中个人应当如何实现这种道德的承诺或标准。也就是说，现代道德智慧理解比传统社会更复杂，面对无限可能与道德冲突，权衡利弊不仅包括情境的特征，而且也包括行为过程的价值以及作为选择依据的伦理原则。但是其本体论预设基本没有变，道德智慧依然追求内心的和谐与社会的有序，依然强调依据"道德原则"进行权衡与平衡。在学校教育的有限时间和学生生活的有限空间里，现代学校道德智慧培养注定了它的先天不足，即对践行的时间和经验要求比传统社会更多、更高。如前所述，在工具化与制度化的现代学校教育中，这是不可能实现的。因此，现代道德智慧的形式化削弱了道德智慧培养的效果。

# 论幸福作为道德教育的目的

## ——关于亚里士多德与康德道德哲学的争论与辨析

扬州大学教育科学学院　薛晓阳

道德教育不仅应当是高尚的，而且同时也应当是快乐的。道德教育最终给予我们的不仅应当是生活的目的和规范，而且也应当是对道德生活的快乐体验和幸福感受。

## 一、古典德育哲学的争论与质疑

道德与幸福的关系，是学者们长期争论而又悬而未决的问题。亚里士多德和康德（Immanuel Kant）关于幸福与道德的理论，是留给我们解决这一问题的最大资源。这些理论和观点被学者们一再引用和论辩，而一次又一次地被悬置。亚里士多德第一次把道德与幸福拉到一起，提出所谓德福统一论的观点。亚里士多德认为，幸福是生活的最高目的，自然也是道德的最高目的。然而，亚里士多德始终没有明确承认幸福可以成为道德的目的。他在《尼各马科伦理学》中说："幸福是完满和自足的，它是行为的目的。"① 在这里，他只是说幸福应当是一切行为的目的，而没有说也应当是道德或道德教育的目的。相反，他坚决反对离开道德约束的幸福，却一再强调道德作为幸福的条件这一无可争议的前提。在他看来，道德是幸福的条件，如果没有道德，就不会有真正的幸福。他最终断定：

---

① ［古希腊］亚里士多德. 尼各马科伦理学［M］. 苗力田，译. 北京：中国社会科学出版社，1990：13.

"幸福就是合乎德性的实现活动。"① 他认为，只有道德的幸福才是永恒的幸福。在他的论述中，幸福具有至高无上的地位，但幸福是否可以作为道德教育的终点，却似乎显得模糊不清。可以得出的结论是，在亚里士多德看来，道德虽然可以让人幸福，但它并不一定以幸福为目的。

罗马时代的斯多葛派学者，也与亚里士多德有同样的思考和态度。他们表达了对把幸福作为生活目的的怀疑。在他们看来，宁静才是最美好的生活。直至康德，亚里士多德的理论被另一种立场所诠释。在康德看来，道德是一种律令、一种义务和责任，绝不允许受快乐的牵引和支配。在康德这里，亚里士多德的犹豫已经消失，道德就是道德，道德与幸福毫无联系和瓜葛。道德不是为幸福而存在，相反，道德只以它自己为目的，道德只为道德而存在。换句话说，道德只是为了使人更善，而不是为了使人更快乐。从这个意义上说，无论是亚里士德还是康德都尚未完成对这一问题的解决。这也是目前学界诸多学者的观点。比如，新儒家代表人物牟宗三也持这一观点。杨泽波认为，牟宗三写《圆善论》就是为了专门解决这一亚里士多德难题。② 康德与亚里士多德讨论问题的立场不同，康德没有亚里士多德的目的论立场，因而康德不承认幸福是一切行为的目的。康德幸福论只是论证了什么是幸福，并获得与亚里士多德相同的结论，即幸福必须以道德为前提。但康德没有论证幸福是否有必要成为道德的目的这一目的论话题。在他看来，幸福是对一切爱好的满足，而不一定是一切行为的目的。杨泽波认为，康德的幸福观是反经验主义的幸福观，幸福不是直观体验的快乐。因而任何幸福都只能是一种"道德的幸福"及理性的体验，而不是直观的快乐。③ 由此，他认为康德的道德幸福比较难以理解，需要理性和智慧的帮助，同时也需要改变对幸福的定义才可能获得，因而是"玄妙而转折"的。④

---

① ［古希腊］亚里士多德. 尼各马科伦理学［M］. 苗力田，译. 北京：中国社会科学出版社，1990：15.

② 杨泽波. "赋予说"还是"满足说"——牟宗三以存有论解说道德幸福质疑［J］. 河北学刊，2011（1）.

③ 杨泽波. "赋予说"还是"满足说"——牟宗三以存有论解说道德幸福质疑［J］. 河北学刊，2011（1）.

④ 杨泽波. "赋予说"还是"满足说"——牟宗三以存有论解说道德幸福质疑［J］. 河北学刊，2011（1）.

在两千年的历史和争议中，唯独边沁（Jememy Bentham）和密尔（John Stuart Mill，也译作穆勒）的功利主义道德哲学是个例外。他们没有亚里士多德的犹豫，也没有康德的坚定和意志。康德的义务论哲学被他们彻底抛弃，而在亚里士多德的模棱两可中选择了快乐。在边沁和密尔看来，快乐是评价道德的重要元素和标准，而道德也应当是可以用快乐和痛苦来计算和比较的。他们认为，道德的重要价值在于给人带来光荣、名誉和幸福等精神上的快乐。密尔将这种包含快乐的道德称为人类的"高贵情感"，一种具有"终极约束力"的"幸福道德"①。然而，无论是边沁还是密尔，都未能真正从亚里士多德和康德的悖论中摆脱出来，他们仍然停留于对道德所具有的幸福功能的讨论。在他们那里，只是随意地对康德做了抛弃，并在亚里士多德的犹豫中做出简单的选择，再没有更多的理性想象和思考。尽管从道德哲学的角度看，边沁和密尔是一个里程碑，但相对于亚里士多德的深邃想象及解决其哲学悖论的复杂性来说，他们的理论显得过于简单和幼稚了。不过，他们对人类道德的快乐功能所做的讨论仍然为我们思考德育问题提供了启示。比如，鲁洁先生在20世纪末探讨德育的"享用功能"，可看出其受功利主义哲学的重要影响。在她看来，所谓享用功能，即"可使每个个体实现其某种需要、愿望，从中体验到满足、快乐、幸福，获得一种精神上的享受"②。从这一点看，功利主义似乎可以帮助我们批判康德哲学的偏激和无情，但除此之外，如果试图真正解决道德与幸福的悖论问题，仅仅依靠功利主义似乎是不可能的。

由此看来，古典学者的观点大体是一致的。道德是幸福的前提，道德只有作为幸福的条件时才与幸福关联。在二者的关系中，道德优先于幸福。古典学者的立场，尤其是康德的观点，为道德教育确立了永恒法则——道德教育的主要任务是培养意志而不是寻找幸福和快乐。只有把快乐排除在道德之外，道德教育才是一种"道德的教育"。按照这样的观点，只能得出的结论是，道德或道德教育应当是高尚的，但不一定同时也是幸福和快乐的。

然而，古典学者的如此诠释亦没有获得所有学者的一致认同。因

---

① [英] 约翰·斯图亚特·穆勒. 功利主义 [M]. 刘富胜，译. 北京：光明日报出版社，2007：49-50.

② 鲁洁. 试论德育之个体享用性功能 [J]. 教育研究，1994（6）.

为，从亚里士多德的幸福论出发，似乎应当推论出幸福作为道德目的的结论，虽然在仔细推证后最终难以得到这样的结论。然而，亚里士多德的理论却给我们留下了推论的想象和希望，令后世的学者们不能轻易放弃。比如，加拿大学者克里夫·贝克（Clive Beck）曾严厉批评将道德与幸福完全对立的观点。在他看来，康德对道德的理解过于"夸张"了。他认为人的许多道德行为常常具有"强烈的助人欲望"，助人本身就是人的一种欲望，而满足这种欲望会给人带来巨大的幸福感。① 即在人的天性中包含着道德的欲望及由此而获得的快乐体验。② 根据他的观点，不是古典学者的观点不正确，而是我们的诠释有问题，在这些诠释中，包含着对人性的不信任，而用这样的立场设计道德教育，尤其是为道德教育确立基本的价值立场是不适当的。道德教育必须建立在对人生目的及人性的完整理解之上，那种没有人生目的和人性基础支撑的道德教育是有缺陷的道德教育。

叶飞从另一角度探讨了这个问题，给予我们一个值得思考的路径。他的论述从西方伦理学两大理论范型出发，即义务论伦理学和目的论伦理学。从某种意义上说，康德正是义务论的重要代表，而亚里士多德正是幸福论的重要代表。叶飞认为，义务论与幸福无涉，因为义务论强调道德义务而不是人生幸福，没有把幸福作为人生的最高目的当作伦理学的前提。在义务论看来，幸福不应该出现在伦理学中。义务论强调的是道德的义务和责任，因而很难想象把道德行为与追求个人幸福联系起来，也不大可能把道德与全部人性结合在一起。义务论的立场是就道德谈道德，因而不可能推论出道德的人生目的，相反，更容易接受对道德本身目的的追求。但目的论伦理学则完全不同，它以全部人性及人生目的为前提，因而自然更容易接受把道德问题纳入人生问题的范畴去讨论的立场，进而也更容易把幸福视为道德及道德教育目标的观念。从这个角度看，亚里士多德之所以比康德更倾向于认可幸福论的道德理论，是因为他从目的论出发，视幸福为一切行为的目的，所以才比康德更容易推论出道德也是幸福的终点这一结论。③

① ［加］克里夫·贝克. 优化学校教育：一种价值的观点［M］. 戚万学，等，译. 上海：华东师范大学出版社，2003：153-154.
② ［加］克里夫·贝克. 优化学校教育：一种价值的观点［M］. 戚万学，等，译. 上海：华东师范大学出版社，2003：154-155.
③ 叶飞. 关注幸福：道德教育的新目的论视角［J］. 湖南师范大学教育科学学报，2008（1）.

亚里士多德虽然比康德早两千年，但却比康德更为包容和博厚。在亚里士多德那里，幸福就是最高的善，是一生中那种最好、最完善的德性。因为幸福被置于生活的最高目的，因而比康德有更容易接受的推导逻辑和前提，而这样的结论应当说比康德更具有伦理学的合理性和可能性，也更容易为浪漫主义和理想主义者所接受，同样也使他的理论更具有人性的魅力和光辉。相反，康德的理论虽然更容易为常识所接受，或的确更好地体现了日常生活中我们对道德的看法和理解，但是，康德的立场却过于缺少人性和想象。道德的生活也是幸福的生活，这同样可以成为一种合法并符合逻辑的立场，虽然反过来推论仍然面临逻辑的困难，但要比康德的理论更具逻辑上的可能性。而在康德这里，是没有任何逻辑方法和途径获得这一结论的。

## 二、人性主义立场的确立和思考

由此看来，用幸福诠释道德及道德教育，并不仅仅在于为道德教育确立终点与目标，而且还在于为道德教育奠定坚实的人性基础和正确的道德立场。从这一点出发，那就必须首先去探讨完整人性视角下的道德概念，从而进一步去探讨古典德育哲学留给我们的道德与教育的难题，即道德是否应当有人生的目的，以及是否应当超出道德本身的范畴去认识道德的目的。杨豹认为，讨论道德与幸福的关系这一问题涉及人性问题。他说，人性在于理性，理性是人性的本质，一切符合人性的东西就是幸福。而道德是人类理性最重要的元素，因此，顺应道德的也是顺应人性的，因而必然也是幸福的。他认为，这也是理解亚里士多德德福论的关键。在他看来，如果从这个角度看亚里士多德的理论，就完全可以推导出幸福论的德育哲学。① 在亚里士多德那里，最优良的善德就是幸福，幸福就是善德的实现，也就是善德的极致。② 按照这样的逻辑与哲学，道德教育以幸福为目的就成为非常合乎理性与逻辑的，具有了哲学与逻辑的合理性和可能性。

如果我们仍然以亚里士多德的观点来推论，那么，就可以看到亚里士

---

① 杨豹. 理性、中道与幸福——探讨亚里士多德的道德选择理论[J]. 伦理学研究，2007 (5).
② [古希腊] 亚里士多德. 政治学 [M]. 吴寿彭，译. 北京：商务印书馆，2006：55.

多德在矛盾心理的背后，仍然流露出比较清楚的立场与倾向。比如，亚里士多德认为，幸福是一切行为的目的，那么自然可以推论，幸福也应当是道德的目的，因为道德是人类行为的一部分。换句话说，道德只是人性的一部分而不是全部，而且道德是被用来应对人性缺陷的手段，因而道德永远只能用来表达对人性底线的规范，而不能用来表达人性美善的光辉。那些最令我们陶醉和迷恋的人类榜样只能用人性力量而不是道德精神来概括。如果要用道德来表述，那就只能用道德所包含的神性来表达了，因为其他词汇都难以完美表达人类本能中那些美好的精神和德性。在所有伟大榜样和完美德行中，都包含着助人的快乐和给予的幸福。

从完整人性看，那种为道德而道德的片面立场，可能又犯下了另一个错误。即我们常常只用道德来作为衡量幸福的标准，但却忽视了幸福反过来同样可以甚至也应当成为衡量道德的标准，因为幸福占据了对完全人性的认识和理解。亚里士多德早就这样尝试过，并获得了巨大的成功。而在这样的推论中，幸福自然获得了为道德教育立法的可能性。在亚里士多德看来，不仅道德是幸福的标准，而且"幸福在于善行"。亚里士多德在其经典著作《政治学》中论述城市的道德性时写道："社会幸福的由来固然应该类似个人幸福的由来，那么，凡能成善而邀福的城邦必然是在道德上最为优良的城邦。"① 从这里可以看到，道德是不能自立的，它同样需要以幸福为条件，只有能给人带来幸福的道德，才是真正"道德的道德"。这一观点从另一角度证明了亚里士多德德育哲学对幸福的态度，尽管这种态度似乎显得有点隐晦与含糊。我们仍然可以推论，亚里士多德德福论为幸福作为道德教育的目的提供了某种正当性的辩护。

正是从这个意义上说，道德教育不能用道德的规范去控制人性的美善，而只能用人性的标准去建设道德的规范。同样，道德不能离开幸福的支撑，相反，只有在幸福召唤下的道德，以及用幸福建构的道德教育才会充满人性的魅力，才能真正唤起人内心的向往和追求。在这种向往和追求中，才可能在获得一种道德的标准时，同时获得道德的快乐和幸福。这样的道德和规范才有可能最终成为完整人性及人类德行的一部分，一个拒绝人性而以道德本身为目的的道德教育最终不能达到道德的目的。

① ［古希腊］亚里士多德. 政治学［M］. 吴寿彭，译. 北京：商务印书馆，2006：103.

这样的推证逻辑在后世的哲学家那里也一再出现过。尼采（Friedrich Nietzsche）在论述古希腊道德哲学时，也曾同样表达对幸福的信仰，尽管在这种信仰中包含着反道德的倾向，但其中所显示的对人性的另类诠释可以给予我们重要的启示。尼采认为，包含着同情和给予的基督教道德是一种弱者的道德，而"希腊宗教尊奉的诸神不是非人性的或反人性的本质，而是理想化了的人，所以应该以希腊宗教来取代基督教道德"①。在希腊人这种"理想化了的人"的哲学中，同情、理解和给予都不是道德，而给予也不是因为同情和理解，而是因为慷慨和卓越，在这种慷慨中体验到的是成就、卓越和幸福，而不是损失，只有从慷慨、卓越与成就中体验到的快乐和幸福才是一种完美的德性。

## 三、幸福优先论的依据与阐释

我们必须在这样一种争论中做出选择，即人性优先于道德，或是道德优先于人性。到底应当强调伦理对人性的支配，还是人性对道德的把握，这是道德教育必须首先做出的选择。现代哲学对人性的推崇，不仅意味着要重新审视道德与人性的关系，而且折射出哲学家们对现代人性危机的关注——即道德对人性的控制及其对幸福的拒绝。存在主义从存在出发探讨人性危机，首先挑起存在与道德的争论。海德格尔（Martin Heidegger）视"存在"具有伦理上的优先性，所谓存在优先即存在大于或高于伦理。而萨特（Jean-Paul Sartre）从自由的概念出发探讨同样的问题，认为"人是被判定自由的"，自由是人作为"自为存在"的最大特点，而伦理则不具有同样的价值。在他看来，自由永远具有比道德更为优先的地位，即自由是比道德更具价值的价值。而国内学者何怀宏则指出，存在问题完全不是伦理问题，但伦理问题绝对是存在问题。② 他的观点是，存在是伦理的目的，只有从存在的意义上看伦理，伦理才显示出自己的方向，否则伦理只是一种既定生活的规则，而失去为存在守护意义的功能。史怀泽（Albert Schweitzer）在他的举世名著《敬畏生命》一书中，论证了什么样的伦理才具有真正的伦理性

---

① ［德］尼采. 人性的，太人性的：一本献给自由精神的书[M]. 魏育青，李晶浩，高天忻，译. 上海：华东师范大学出版社，2008：15.

② 何怀宏. 生命与自由——法国存在哲学研究[M]. 武汉：湖北教育出版社，2001：197.

问题。他把伦理的根基奠定于人的生命存在之中。他说："只有人道，即对生存和幸福的关注，才是伦理。"① 从这些论述中可知，代表人性最高价值的幸福被置于绝对优先的位置之上。这一观点的基本立场是十分明确的，即道德如果不能增进人性，不能促进幸福和美好，那道德也就成为没有价值和意义的规范和形式。

幸福是否可以成为道德教育的目的，或道德教育是否应当追求幸福，在幸福优先论者看来已经成为没有争议价值的命题。道德教育的最高目的应当是人性的增长而不是教授道德的规范，因而以追求幸福为目的的道德教育，才有可能成为人性增长的教育。用极端的话来表达就是：只有拒绝单纯以道德为目的的道德教育，才有可能真正达到追求幸福的教育目的。幸福论的道德立场认为，人性大于道德，幸福高于伦理，因而道德虽是人性的一部分，但道德一旦脱离人性的指引，就有可能变成压迫人性的工具。从某种意义上讲，即便道德教育不能成为解放人性的手段，也无论如何不应当成为压迫人性的工具。道德教育应当是高尚的，但也应当是快乐的。这不仅是对学校德育的一种希望，而且同时也是最符合人性与道德关系法则的一种诠释。道德教育，作为解放人性的一种手段，最终应当是帮助人获得幸福，而不是相反。这就是人性优先论最基本的观点和立场。一切道德的规范都应当在人性的制约之下，而不应当是独立于人性诠释之外的纯粹的道德规范。道德的追求不能只局限于道德本身，而应把全部人性的美善纳入自身的目的之中。道德与幸福的关系，是幸福大于道德而不是道德大于幸福，是幸福优先于道德而不是道德优先于幸福。道德教育不能离开对幸福的追求，否则完全有可能将道德教育变成创造人性暴力和道德悲剧的工具。

古典哲学从来没有明确否定或肯定什么。亚里士多德流露出矛盾和犹豫，始终没有给予明确的答案，而是以隐晦的语言在暗示着什么，让后人在这一问题上无休无止地争论。在亚里士多德那里，一方面，他视道德为幸福的条件（同时也包含幸福为道德的条件）；但另一方面，他又说这种道德超越于伦理的善，并认为这种善是一种自足的、绝对的和最高的

---

① ［法］阿尔贝特·史怀泽. 敬畏生命[M]. 陈泽环，译. 上海：上海社会科学院出版社，1992：29.

善，是人的一切存在的目的，是一种存在的"好"。不过，在亚里士多德的这一论述中，已经能够隐约看出，他对幸福的优先性似乎已经表现出一定的偏向与倾斜。正像麦金太尔（Alasdair MacIntyre）在评论亚里士多德的德性观时说："在亚里士多德的德性观中，德性概念从属于内含着人的行为目的的好（善）生活的概念。"① 在这里，亚里士多德所谓善的概念，既包括了伦理的善，又包括了人性的善，而不是单纯的伦理的善。因而，我们应当可以得出一个结论，在亚里士多德的观点中，实际已经表达了对幸福优先于道德这一人性诠释的认可。

国内学者金生鈜认为，应当把教育的理想安置在生活当中，并以所谓"好生活"的观点表达了对幸福优先论的支持。在他看来，教育必须守护好生活，认为这是教育哲学的最高问题，只有守护好生活的教育才能是好教育。他认为："对教育放弃了价值的追问，就等于放弃了对好的教育的信念，放弃了对美好生活的追求，也就是放弃了对现实的教育改善的理想和愿望。"② 在这里，所谓"好生活"的含义除了幸福就再没有其他词可以代替了。好生活就是幸福，而幸福就是好生活。没有幸福的生活不可能是好生活，而没有好生活的幸福也不可能是真正的幸福。幸福优先不仅可以表现为存在优先（海德格尔）、自由优先（萨特），而且也可以表现为生活优先。生活永远是高于并大于道德的概念，道德只有成为创造好生活、给予人幸福的源泉，才能最终成为生活所接受的一种价值和标准。由此看出，教育的问题在于，不是要不要美好和幸福，而是在哪里寻找美好和幸福。教育没有独立于生活之外的目标，教育的根本目的应当与人生的目的相统一。金生鈜认为："教育哲学要探寻教育发展的方向，要反思现实的教育，就不能不关切这一永恒的存在，就不能不把它作为参照。这正是教育哲学关切终极价值的根据。"③寻找美好的生活，这应当永远是教育的理想。期待一个更美好的生活，追求一个更高的善和美满的幸福，这就是教育必须守护的目的，离开这个目的，任何教育都不能算是好的教育，道德教育也一样。

---

① ［美］麦金太尔. 德性之后［M］. 龚群，等，译. 北京：中国社会科学出版社，1995：236.
② 金生鈜. 教育哲学怎样关涉美好生活？［J］. 华东师范大学学报：教育科学版，2002（1）.
③ 金生鈜. 教育哲学怎样关涉美好生活？［J］. 华东师范大学学报：教育科学版，2002（1）.

## 四、道德悖论的终结与讨论

关注幸福的伦理学，虽然具有哲学的可靠性，但却不能逃避人们对道德常识的矛盾和冲突。德育哲学面临的最大悖论是道德与幸福的对抗。一方面，这反映出幸福论面临的危机；另一方面，这也不能就此证明道德论（义务论）已经取得胜利，同样，也不能反过来证明幸福论的谬误与失败，或许这只能证明，道德教育面临无法摆脱的尴尬和困惑。将道德与幸福对立，这既是一种常识态度，同时又是一种易于接受的立场。按照亚里士多德的逻辑推论，道德的确可以换来幸福，但只是一种"道德的幸福"，这种幸福需要改变对幸福的理解，需要用克制来换取，这种幸福与我们的自然体验或常识态度相悖。康德并未给亚里士多德的理论带来任何值得慰藉的进展，康德的道德义务摆脱了亚里士多德对幸福的困扰，但却让人们重新陷于道德对人性的迷茫之中。

这样的逻辑似乎不是我们所期待的，我们既希望获得一种道德的崇高，又企求获得幸福的体验。道德教育应当是高尚的，但同时也应当是快乐的。这才是我们真正期待的目标和追求的理想。道德教育如何摆脱哲学与常识的悖论，让道德教育在增进德性的同时获得幸福，这正是我们需要讨论的。

解决悖论的前提是必须明确这样的立场，即仅仅为了道德的道德教育肯定是不道德的，但仅仅为了幸福的道德教育同样是不道德的。比如，在奥古斯丁（Aurelius Augustinus）看来，幸福就在于拥有真理，即幸福就是来自真理的快乐，因而人们是在认识真理的同时才获得了幸福。① 这一立场的深刻含义在于告诉人们，道德教育若要真正具有意义就必须具有更高的追求——真理、人性、存在与幸福。由此看来，那种试图让道德教育获得纯粹自然主义的快乐体验的观点既不可能又不道德。以快乐为快乐的快乐最终不是快乐，以幸福为幸福的幸福最终不是幸福。必须改变对快乐和幸福的自然主义定义，才能真正获得道德与幸福的完美结合。

由此我们可以逐渐清晰起来，即只有同时拥有道德与幸福的目的，道

① 孟凡芹.奥古斯丁的宗教幸福观及其对构建和谐社会的启示[J].理论界，2011（2）.

德教育才可能是完美的。既是高尚的又是快乐的，既是道德的又是幸福的，这不仅是一种理想，而且同时也应当是一个真理。事实上，无论是为了幸福还是为了道德，只要放弃了一方都将产生严重的后果。幸福论的危险是人性的危险，即离开幸福目的的德育可能是压迫人性的德育；而义务论的危险则是常识态度的危险，即离开道德的德育可能是放纵人性的德育。两种德育哲学都不是我们所希望的。比如，叶飞专门论述了义务论的危险和问题。在他看来，义务论的后果是将道德教育变成纯粹的知识传授、政治教育和圣人理想。① 而这一切都将葬送道德教育解放人性和追求美好生活的理想和目标。

如果我们具有更高的眼界就会懂得，我们需要康德，但更需要亚里士多德。人之所以要过一种有道德的生活，最终还是为了追求美好生活。也就是说，不是为了道德而道德，而是为了幸福而道德，因为只有道德才有真正的幸福。幸福与给予绝不对抗，道德与快乐也不对立。无论是奉献还是给予，都是为了一个美好的目的和幸福的终点，这是道德教育的最后期待。在这里，常识与理论达成相互谅解和包容，即不仅道德需要幸福，而且幸福也需要道德，独立于道德之外的幸福是不可靠的，也是不存在的。由此可见，"道德即幸福"应当成为道德教育的真理。如果有了这样的立场，不仅道德教育没有悖论了，而且也有了目标和方向。这个目标和方向就是，道德教育必须提升对幸福的认识及对快乐的体验。这不仅应当成为道德教育的一种哲学，而且也应当成为一种常识的态度。

拒绝把道德与幸福对立起来的观念和态度，不会把一切快乐的东西都视为对道德的背叛，也不会否认道德教育中幸福的可能性。道德教育必须进行道德的设计，但也必须有牢固的人性立场，这将为道德教育最终成为道德的教育提供依据和根基。

---

① 叶飞. 关注幸福：道德教育的新目的论视角[J]. 湖南师范大学教育科学学报，2008（1）.

# 教师的教育良心：师德生成之基

宝鸡文理学院教育科学与技术系　马多秀

近些年来，伴随诸如"幼儿教师虐童"等事件的发生，师德问题成为社会关注的焦点，也成为教育理论研究的热点。事实上，师德在很大程度上是教师由内而外地生成的，关键取决于教师的良心。"教师是一种良心活"，这是很多教师自身对教师职业的朴素理解，也就是说，教师的良心决定了师德的高度。教师是一种特殊职业，教师的良心不同于一般意义上的良心，主要表现为职业良心或教育良心。正是在这个意义上，我们认为教师的教育良心是师德生成之基。

## 一、教师的教育良心的含义

良心是和道德联系非常紧密的概念，它"谴恶扬善，对各个人、各种活动及行为做出道德判断，良心是一种能对各种具体情况做出道德判断和评价的知觉力"[①]。一个具有良心的人追求的是真、善、美的事物，而远离假、恶、丑的事物，从而促进个体德性的完满生成。教师是一种特殊职业，他们在职业生活中所体现的是职业良心或教育良心，"是教师在教育实践中对社会向教师提出的道德义务的高度自觉意识和情感体认，自觉履行各种教育职责的使命感、责任感和对自己的教育行为进行道德调控和评价的能力等"[②]。具体地讲，教师的教育良心包含以下四层含义。

一是教师对学生的仁爱之心。教育家夏丏尊先生说得好："教育上的水是什么？就是情，就是爱。教育没有了情爱，就成了无水的池，任你四

---

① 何怀宏. 良心论[M]. 北京：北京大学出版社，2009：26.
② 檀传宝. 论教师的良心[J]. 教育理论与实践，2000（10）.

方形也罢，圆形也罢，总逃不了一个空虚。"① 爱是教育的本质规定，爱也是教师成为教师的条件。教师对学生的仁爱之心的核心是包容。一方面，教师要能够包容个性不同的学生。每个学生都是一个个独特性的存在，由于他们的生活环境各异，其个性不同，教师不能因为自身的喜好偏爱一部分学生，而忽视另一部分学生，要能够包容任何个性的学生，发现他们身上的闪光点。另一方面，教师要能够包容学生的错误。"人非圣贤，孰能无过"，何况是未成年的学生，犯错误是经常有的事情。教师不要因为学生的错误而否定他们，要看到他们成长的特性，给予耐心的指导和等待。

二是教师对工作的责任之心。教师对工作的责任之心最突出的表现就是教师对其所应当承担的责任和义务的自觉履行。教师很多方面的工作基本上是在没有人监督的情况下开展的，而且，教师的很多工作也很难用明确和清晰的标准来衡量，这需要教师的修养要达到"慎独"的境界，认真备课，认真批改作业，用心上课等，积极而热情地投入本职工作，用良心来做自己的法官，秉持一颗对社会、对学生负责任的心，做到问心无愧。而且，教师的工作在很大程度上也是没有边界的，教育牵涉的因素很复杂，这决定了教师工作本身的复杂性。作为一个有责任心的教师，就不能仅局限于学校八小时的工作范围内，而是要积极与社区、家庭联系，争取家庭和社会的教育力量，促进学校教育目标的顺利实现，并能够利用课余时间钻研业务，处理教育教学工作中遇到的问题等。

三是教师对同事的团结之心。在现代学校组织的教育环境里，教育是教师集体的共同活动，虽然从教师劳动的过程来看，教育具有明显的个体性的特点，但是从总体上讲，教育结果是集体性的。学生人格的发展、学识的增长等是教师集体共同努力的结果。所以，"教师同侪之间的团结协作，既是教育目的的同一性要求之内在规定性，又是实施教育方案和实现教育任务的内在要求"②。正是在这个意义上，我们认为教育良心中包括教师对同事的团结之心。教师之间的同侪关系不是一般的同事关系，它是教师职业道德的重要组成部分。马卡连柯就认为，"教师集体的统一是最

① ［意］亚米契斯. 爱的教育［M］. 夏丏尊，译. 上海：华东师范大学出版社，1995：2.
② 朱小蔓. 教育职场：教师的道德成长［M］. 北京：教育科学出版社，2004：119.

具决定性的一件事情"①。当学生置身于学习过程之中时，他们不仅从不同专业教师那里学得专业基础知识，而且，他们还感受着教师同侪之间的关系状态；而教师同侪之间团结协作的氛围本身就是具有教育价值的因素。马卡连柯还尖锐地指出，有些教师只知道追求学生的"爱戴"，一味说其他教师不中用，只有自己一个人"顶呱呱，有天才"，这种教师其实是"教育中的骗子"。教师中的这类骗子，"在学生面前，在社会面前，惯于卖弄个人的才智，绝不能教育任何一个人"②。因此，每个教师要充分认识到在教育过程中同侪团结的意义和价值，教师之间需要相互支持和合作，共同完成教育任务，提高教育效果。

四是教师对失误的羞愧之心。教师是否有羞愧之心也是衡量其教育良心的一个重要方面。教师对失误的羞愧之心集中体现为教师面对自己的失误时所产生的良心上的不安、内疚、惭愧、悔恨等心理体验。沂蒙山区的一位教师，曾经经历过这样的一件事：两个贫困生先后因偷东西（一是木工房里的工具，一是会计抽屉里的菜票）而犯错，其一被校方开除学籍，其二被教师全力袒护下来。一年后，两种不同的处理方式产生了不同的结果，前者因继续犯错成了少年犯，后者则升入高一级学校。这位教师对此悔恨不已，他历数着与第二个学生间的那些复杂冲突、顺逆反复、万般艰辛的教育过程，却坚持说第一个学生原本也该袒护下来的：想起那位来学校领儿子的父亲，那位含辛茹苦的善良的老农民，想起他临别时给他鞠躬时那羞愧无奈的表情，心里就酸酸的，真觉得对不住他，真有负罪感。③ 这位教师的负罪感就是其面对自己的失误而产生的羞愧之心，这是其教育良心的最深切的展现。教师的羞愧之心是教师对自身履行职责状况进行自我反思和自我评判时，面对其没有能够很好地履行职责情况的一种自责心理，体现着教师对自身理应承担的教育责任的自觉担当。作为教师，对失误的羞愧之心是师德修养的重要体现，教师对失误的羞愧之心有助于他们在今后工作中以更加积极的和谨慎的心态面对教育工作中出现的各种问题，更好地履行教育责任和义务。

---

① ［苏］马卡连柯. 马卡连柯全集（第5卷）［M］. 耿济安，等，译. 北京：人民教育出版社，1956：294.

② 陈桂生. 普通教育学纲要［M］. 上海：华东师范大学出版社，2009：302.

③ 杨启亮. 体验良心［J］. 师范教育，2003（1）.

## 二、教师的教育良心在师德生成中的价值

教师的教育良心是教师内在的道德力量，和师德生成是紧密相关的，在一定意义上，教育良心决定了师德的高度。教师的教育良心在师德生成中发挥着驱动力、执行力和调控力等作用。

首先，教师的教育良心会促使教师不断求真向善，提升师德境界。康德认为，良心实指的就是善良意志，"权力、财富、荣誉，甚至健康以及通常所说的福利和舒适满足，这些通常称之为幸福的东西，如若没有一个善良意志去匡正它们对心灵及其行为诸原则的影响，以使其与善良意志之目的普遍相合，那么它们就会引发自负甚至骄横"①。这也就是说，凡事符合善良意志是个体获得幸福生活的前提，而善良意志的本质是抑恶扬善。对于教师来讲，教育良心是他们内在的追求美好教育生活的动力，会促使教师在日常的教育生活中按照内在的善良意志来思考和行动，使自身的观念和行为符合教育规律的要求，把促进学生身心的健康成长和发展作为教育宗旨，尽职尽责，勤奋刻苦，努力提升教育效果，在认真履行自身教育责任的过程中不断提升师德境界。

其次，教师的教育良心会促使教师把内在的善良意志转化为外在的道德行动。黑格尔（G. W. F. Hegel）把良心分为形式的良心和真实的良心两类。他指出："当我们谈到良心的时候，由于它是抽象的内心的东西这种形式，很容易被设想为已经是自在自为的真实的东西了。"② 在他看来，道德和伦理是截然不同的，在道德范畴内，只是形式的良心，只有在伦理实体范畴内，才有真实的良心，真实的良心是主观认识的客观化。良心是一种内在的善良意志，是对某种关涉良心的价值的确信，但是这只是一个人成为一个有道德的人的前提。一个人是否是一个真正有道德的人，则取决于他的行动。一个既具有善良意志，又表现出了善良行动的人，才能被称为是真正道德的人。也就是说，善良意志只是教师成为有道德的教师的必要条件，而不是充要条件，只有当教师内在的善良意志转化

---

① ［德］康德. 道德形而上学基础［M］. 孙少伟，译. 北京：九州出版社，2007：3.
② ［德］黑格尔. 法哲学原理［M］. 范扬，张企泰，译. 北京：商务印书馆，1961：141，139.

为外在的道德行动的时候，这样的教师才能够被称为是师德高尚的教师。事实上，教育生活本身属于伦理生活，师生关系和同事关系是教育生活中主要的人际关系，教师的教育良心可以在师生之间和同事之间的交往活动中充分地展开，转化为教师的道德行动，使他们成为真正意义上的有道德的教师。这也意味着离开了教育生活，教师的教育良心也就失去了实践的基础。教师只有扎根于教育生活之中，才能真正找到践行和提升师德的根基。

最后，教师的教育良心会帮助教师对教育过程进行自我调控，提升师德修养。良心对个体道德的约束是来自其内部世界的，表现为道德自律。这正如黑格尔所说："良心是自己同自己相处的这种最深奥的内部孤独，当其中一切外在的东西和限制都消失了，它彻头彻尾地隐遁在自身之中。"① 良心不需要任何外在的约束，它本身就是一种约束，而且是唯一对其有约束力的东西。良心也具有独立的自我反思和评判的能力，它促使个体对自身的言行举止进行自觉的反思并做出评判，符合良心的言行会使人产生愉悦感、满意感，而违背良心的言行会使人产生羞愧感、自责感。教师的教育良心是他们内在的道德规约，在整个教育过程中都具有自我判断、评价和调控的能力。也就是说，教育良心会促使教师对自己的所思所作所为进行评判和调节，使它们与自己内在良心的要求保持一致，并获得心理上积极的情感体验，否则会产生羞愧、自责等消极情感体验。在很大程度上，教师的工作是在没有外在监督的情况下开展的，教师在工作中投入的心力和精力的程度与大小只有教师自身清楚，这主要依靠的是教师内在的自我评价，也就是教师的教育良心的监督。一般来讲，具有深厚的教育良心的教师，会用良心鞭策和调控自身，使自身的所作所为符合良心的要求，真正做到对学生的成长和发展负责，增强自身的工作责任感和自觉性，从而使自己问心无愧，并体验到在教育过程中接受教育良心审视和调控后所获得的愉悦感和满意感。

### 三、教师的教育良心的培育

通过以上分析和论证，我们知道教师的教育良心跟师德生成密切相

---

① ［德］黑格尔. 法哲学原理[M]. 范扬，张企泰，译. 北京：商务印书馆，1961：141，139.

关，这也就意味着，师德的提升可以从培育教师的教育良心做起，只要教师的教育良心水平提升了，师德的水平也会得到相应的提升。事实上，教师的教育良心的形成是受到多重因素影响的。从宏观层面来说，社会整体的道德水平为教师道德修养奠定了社会基础，社会的道德水平越高，越有利于教师的教育良心的形成。从中观层面来说，教师工作群体的整体职业道德水平也会影响教师个体的教育良心的形成。特别需要注意的是，新任教师初到工作单位后，他们对待教育的态度和行为选择会受到同侪群体观念的影响和制约，否则，他们会在工作适应中出现较大困难。从微观层面来讲，教师自我修养是关涉其教育良心生成的关键因素。对于个体教师来讲，社会道德环境和工作群体的整体职业道德水平属于外在的客观条件，是个体难以把握和控制的，而教师自我修养属于内在的主观条件，是完全能够通过自身的努力来实现的。在此，我们主要从教师自我修养方面来分析和探讨教师的教育良心的培育。

第一，对教育责任的透彻理解是教师的教育良心形成的前提。教书育人是对教师教育职责最凝练的概括。教师不仅要帮助学生增长知识、开启智慧，还要负责学生心灵的健康成长。然而，由于受应试教育的影响，在教育实践中很多教师只顾知识教学和学业成绩，而忽略了对学生进行心理、道德等方面的教育，还有的为了提高及格率、优秀率，给学生布置过重的课外作业，甚至为了提高升学率而不让学习成绩差的学生参加升学考试等，这些做法不仅给学生造成了身体上的伤害，而且还造成了心灵上的伤害。从根本上来讲，这些违背教育良心的反教育现象的频发，揭示的是教师对自身所承担的教育责任的无知和遗忘。因此，对于教师来讲，在教育过程中透彻地理解和深刻地牢记自己所肩负的教育责任，是完满地完成教育任务和提升师德修养的基本前提。

第二，对教育生活的深刻体验是教师的教育良心形成的基础。体验是个体对生活情境或对象产生的内在感受和体悟。教师对教育生活的体验主要包括作为受教育者的教育生活体验和作为教育者的教育生活体验两部分。教师本身也都曾经是受教育者，在教师自己当学生的时候，处在学生的地位对教育生活有着丰富和深刻的感受与体验，尤其是不同教师对待学生的态度和方式，或者某件事情等都会在内心产生印记，甚至影响自己的一生。作为教师，永远都不要忘记自己当学生时候的教育经历和体验，在教育过程中要能够设身处地，站在学生的立场来考虑自己的举动可能会对他们产生的教育影响，从而避免出现不良后果。作为教育者，教师在教育过程中的情感体验随着教育情境的变化而变化。需要指出的是，"教师的体验要以关心学生为取向，这是由教师的职责本身所决定的。如果偏离了这一取向，教师的体验本身也就失去了教育意义，这意味着，关心学生和为学生考虑是教师体验的唯一的价值目标"①。在现代社会里，生活中的不确定因素增加，学生的生活也处于千变万化之中，需要教师增强敏感性，用心体察学生的各种细微变化，能够以促进学生健康成长和发展的方式做出反应，从而也能够使自己获得更多内在的积极情感体验。

第三，在教育生活中实践良心是教师的教育良心形成的关键。前面论述中提到，黑格尔指出良心可分为形式的良心和真实的良心，前者只是一种内在的善良意志和愿望，后者才是在行动中实践了善良意愿的道德品质。对于教师来讲，在教育生活中实践良心是其教育良心形成的关键，也就是说，把教育良心转化为道德行动是教师的教育良心形成的关键。在实际中，影响教师把内在的善良意愿转化为外在的道德行动的因素除了教师自身外，还包括来自外界的制度、舆论等。当二者一致时，有助于教师的道德行为的产生；当二者不一致时，关键取决于教师自身的意志力，需要教师坚信自己所确认的价值，并始终按照自己内在的善良意志和愿望来行事，即使因此会受到外界的批评和责备，也会获得良心上的安宁和抚慰。正如阿德勒（Alfred Adler）所说："教师对学校的制度不负有责任，但如果他们能以个人的同情和理解缓和一下这个制度的非人性和苛刻的一面，那是最好不过了。因此，教师要考虑某个孩子的特殊情况，适当对他宽容一点。这样，会起到鼓励这个孩子的作用，而不是把他推向绝路。"② 所以，在教育生活中，教师要能够克服外在环境的制约，始终以促进学生健康成长和发展为宗旨，这样才能真正促成教师真实教育良心的实现和师德修养的提升。

---

① 马多秀. 教师的道德敏感性及其生成[J]. 教育导刊，2013（2）.

② [奥] 阿德勒. 儿童的人格形成及其培养[M]. 韦启昌，译. 石家庄：河北人民出版社，2002：110.

# 主体的降格：学校仪式神圣性缺失的秘密

华南师范大学基础教育培训与研究院 刘华杰

作为教育文化环境的重要组成部分，重大的学校仪式和典礼（包括入学、毕业典礼，成人仪式，入党、团、队仪式，节庆典礼等）在价值表现形式、教育机制等方面有其独特的教育优势和教育价值。敬畏心和神圣感的激发是仪式教育的重要机制。如果教育者能够将仪式的这项优势发挥出来，就有可能使学生在独特的仪式氛围中获得神圣的价值体验，取得其他教育活动难以达到的教育效果。相反，俗套、浅薄、空洞的仪式可能导致冷漠、厌恶、反抗等反仪式情绪和行动，从而消解仪式的神圣性。于是，揭开仪式神圣性缺失的秘密就成为透视仪式教育的一个切入点。

"秘密"即"隐蔽、不为人知的事情或事物"。在仪式神圣性缺失的背后，也同样存在着不同于日常解释的原因。我们可以对仪式神圣性缺失的秘密进行多维度的分析阐释，不过，鉴于仪式神圣性的产生实质上是仪式主体从有限走向无限、由个体融入共同体时的精神体验[①]，因而本文认为仪式主体向客体的降格是仪式神圣性缺失的更为根本性的原因。仪式主体的降格主要表现在主体的客体化、主体的自我封闭和仪式合法性缺失三个方面。

---

① "仪式神圣性产生于个体从有限个体走向无限的共同体"是本文的理论假设，其核心观点是：意识神圣性产生于个体对共同体神圣价值的主体性敬畏。一方面，它要求个体需要将有限自我投入一个更为广阔的想象的共同体空间中，使主体产生强烈的存在价值感及有限"小我"融入无限"大我"的超越感、神圣感和敬畏感；另一方面，这种敬畏和融入不是以牺牲个体的主体性意识和能力为代价的，它是个体与共同体在相互接纳和体认后的一种统一的状态，它并不否定其中任何一方的主体地位，个体和共同体之间的关系是一种对话交流的主体间关系。

## 一、学校仪式主体的客体化

所谓主体的客体化，是相对于仪式主体在仪式教育中应然的地位和状态而言的。① 在主体性哲学中，主体意味着能动的、控制的和具有独立性、主动性的一方，简而言之，主体性是主体的标志。反之，如果主体在认识或实践活动中被动、受控制，没有自主性、选择性和创造性，成为被控制、灌输和改造的一方，那么主体就被客体化了。仪式主体的客体化是合法性缺失和科层制的逻辑共同作用的结果。科层制是我们社会主导的组织制度之一。科层制组织中的每个人都是组织的一个环节，都要执行来自上一级组织安排的任务，接受上一级的领导和控制。在这个组织系统中，每个人都被功能化和工具化了，每个人的自主权极为有限。每个人的情感、需求、个性相对于组织目标的完成来说是微不足道的。从制度设计的意图看，每个人要做的最合乎理性的做法就是服从、接受。相对于这部精密的组织机器来说，每个人都是一个工具化的存在，而不是本体性的存在。科层制的逻辑在仪式教育中体现为：第一，把学生当作一个单纯接受价值信息的器皿，仪式教育的过程被理解为"刺激—反应"的灌输、强化过程。"对参加仪式的学生该说什么、做什么，在什么时间说和做，如何说和做，都在事先确定的仪式'剧本'中预先规定，使仪式'剧本'成为内隐的规范，学生一直都在根据'剧本'展示自我，他们对'剧本'只有执行的义务，有参与的权利，更不被容许打乱既定的程序和内容，一切不确定性、意外和偶然都要竭力消除。"② 学校管理者缺乏仪式上的变革和创新，在仪式的内容选择和形式设计上因循守旧，与无视学生的主体性有很大关系。第二，把仪式当作完成上级管理目标的工具。这会导致两方面后果：一方面把仪式当作应试工具；另一方面为了迎合上级管理者，把学生当作工具。例如，2010 年，西安某县初中举办"竣工仪式"。当时，主

---

① 仪式主体是指学校仪式中价值的学习主体。无论教师还是学生，在学校不同的仪式中实际上都或多或少地受到了仪式的价值影响。因此，这种主体包括参加仪式的全体学生和教师。但由于本文侧重于考察学生仪式神圣体验的缺失问题，因而，除非在仪式中涉及教师，本文的主要指向是学生主体。

② 范楠楠. "拟剧"艺术中的管理：学校仪式的优化设计[J]. 教育科学研究，2012 (5).

席台布景多处被北风撕裂，20多名学生坐在布景背后的钢架上，一边吹着风，防止布景被风吹倒，一边透过布景的裂缝观看仪式。当时气温9℃，北风3级。① 此外，有关组织学生夹道欢迎、鞠躬欢迎领导的欢迎仪式的报道也屡见不鲜。这些都是在仪式教育中把学生当作工具的具体表现。

主体客体化的另一种形式是作为主体的学校教育管理者自我的客体化或者说自我矮化。教育管理者本应是学校中的价值引领者，以高尚、神圣影响学生的价值观。受市场经济环境下强势的消费文化的影响，以消费者的需求为中心的意识同样影响了学校管理者。我国从基础教育到高等教育虽然还是公立学校为主体，但是学校也面临着在招生市场中的竞争问题，学生家长和社会舆论的评价对于一个学校的生存发展至关重要。学生评价在教师的考评体系中也占有相当的权重。将学生当作消费者看待，固然体现了时代对于学生主体地位的尊重，具有进步意义。但同时，过分迎合学生口味，容易走向另一个极端——自我矮化或客体化，失去教育者的主体性，可能的结果是教育者遗忘了学校的教育性，放弃引导的神圣使命。

主体客体化的结果是仪式偏离了"促进学生发展"的主旨，甚至沦为不具有合法性的反教育仪式。对仪式神圣性最大的伤害莫过于压抑主体的主体性，将主体的精神和情感封闭起来，师生主体不愿意投入仪式的情感和价值生成活动中，不愿意在仪式中与其他主体做更深层次的交流，从而走向主体的自我封闭。

## 二、学校仪式主体的封闭

主体客体化在有些人看来不是多么严重的后果，他们认为只要将仪式内容以适当的方式呈现出来，仍然可以达到预期的仪式教育目标。这个看法忽视了这样一个问题：客体化的价值预设很难避免客体化的仪式组织行为，主体的自我封闭是表现形式之一。

"封闭"的核心词是"闭"。《说文解字》说："闭，阖门也。从门；

---

① 肖欢欢. 学校举办仪式20余学生在寒风中当起"千斤坠"[N]. 广州日报，2010-12-13.

才，所以距門也。"闭是用木棍（门闩）把门抵上，里面的东西出不去，外面的东西也进不来。现代心理学借用该词来描述一种心理现象：将自己隔绝开来，不愿意去了解别人，也不愿意让别人了解自己。自我封闭的人常常是孤独的人，很少与人沟通，心理学将此现象解释为一种心理防御机制，以逃避的方式减轻对外界环境的恐惧和可能的挫折感。

学校仪式中的个体也会陷入自我封闭的心理处境，而仪式的神圣体验也因为主体的封闭而无处可寻。与心理封闭一样，仪式主体的封闭包括主动的封闭，即仪式主体克制和压抑自己向外交往与探索的内在需要，把自己关在个人的世界里；也包括被动的封闭，仪式没能提供交流的环境条件，仪式主体因而难以在仪式过程中超越有限的自我世界，走向无限共同体世界。仪式主体的自我封闭表现在时间上的自我封闭和空间上的自我封闭两个方面。

### （一）时间上的自我封闭

时间上的自我封闭与仪式主体对仪式的理解有关。人们通常把仪式理解为从仪式主持人宣布"仪式开始"到仪式主持人宣布"仪式结束"这样一个时间范围。这种认识在实践中表现为将仪式主体的活动与想象范围束缚和封闭在仪式的中间阶段，无法走出有限的现在。完整的仪式时间应当理解为三个阶段。第一，仪式开始前对仪式的预期和想象。这一阶段的仪式体验的感受状态表现为兴奋与冷漠、紧张与轻松。只有积极体验者才会在脑海中描画出仪式过程的可能画面，将自己提前带到虚拟的仪式现场。一些仪式举办前，有的学生会表现出期待、希望仪式举办的心理状态，当然也会有部分人表现出逃避、无所谓等冷漠的心理状态。第二，仪式过程中的回忆感受、即时感受和对未来的想象。有研究者将体验理解为一种"图景思维活动"，图景是"一种跨越时空的整体性存在，它同时包含着个体人的生活阅历、当下生活场景和未来人生希冀，其显著特征是整体性、现场性和超越性"[①]。人在仪式中的存在不是孤零零的现时的存在，"在跨时空的'遭遇'的构造中，行动主体是以一种时间延续性的方

---

① 刘惊铎. 体验：道德教育的本体[J]. 教育研究，2003（2）.

式使用对场景的占有权"①。人作为历史性和时间性的存在,深刻的仪式体验必然也是个体以自己全部的完整的存在去体验自身的过去、现在和未来。仪式过程中的体验无疑是最为主要的仪式体验。这一过程中主体的感受状态既是对仪式开始体验状态的确证,起到强化巩固信念或打破原先观念的作用,同时,又决定着仪式影响的持久性和行为动机的大小。第三,仪式结束后对仪式场景和仪式体验反刍式的回忆、回味。深刻的体验使人不由自主地回想仪式中印象深刻的细节,仪式结束后再次将当时的仪式体验唤醒,正如我们在看完电影之后对电影情节、对白的一遍遍回想,体会导演的用意、演员表演的妙处,亦如在听完一场音乐会后,优美的旋律仍然在脑海中萦绕盘旋。

### (二) 空间上的自我封闭

空间首先是一种物质性的存在。仪式的地点、人群、横幅、鲜花等物理性的存在构筑起仪式的物理空间,同时也为精神或意义空间的建构和体验创造了物质基础。仪式活动中也存在着仪式空间。仪式场合中聚集的人群、横幅标语、鲜花等物理性的仪式符号营造出仪式的氛围,让仪式主体感知到自己正处于仪式空间中并表现出与仪式要求相符的仪式行为。但物理空间并不等于人的生活空间和体验空间。在单纯的物理空间中,人的反应可能是冷漠和麻木的,不能在感知的基础上体验和发现其背后的意义世界。此时,人的主体性可能处于潜在的压抑状态,仪式中的人并不是真正意义上的主体,而是降格为客体。在当代空间理论中,空间并不是纯粹物理学或地理学意义上的客体,其精神性和文化性内涵得到越来越多研究者的认同与关注。空间的属性除了物理属性之外,还包括其社会属性。其社会属性突出表现在空间的形成是各种社会力量建构的结果。同理,要在仪式过程中建构起对神圣价值的精神体验空间,也要借助其他仪式主体的参与、互动和交流。

遗憾的是,不少学校仪式的设计过程尽管试图营造神圣价值体验的氛围,却没能认识到离开了仪式主体间的互动交流,与其他主体相关的价值体验也难以产生。期望学生在仪式中体验家庭的神圣,但能够有效唤醒人

---

① 刘惊铎. 体验:道德教育的本体[J]. 教育研究,2003 (2).

的家庭意象的仪式要素却很少，刻板俗套的仪式内容反而抑制了主体对家庭主体的想象和潜在的交流愿望；期望学生在仪式中体验社会责任的神圣性，却不向学生呈现相对真实全面的社会意象；试图让学生体验集体主义价值观的神圣性，但除了仪式过程中的群体聚集之外，仪式主体很少有机会参与仪式中集体意象的建构。看似热闹非凡、人群聚集的仪式中，由于其他主体的缺场，仪式主体实际上处于无"人"交流之境，因而是封闭、无聊而孤独的。总之，失败的仪式往往是仪式主体的精神空间封闭化的仪式，缺少可交流主体的仪式。自然，我们不能指望"封闭"的仪式之花结出基于"交流"的神圣体验之果。当然，完全把封闭的责任归咎于仪式的设计和组织也有失公允，毕竟，即使是在交流主体的唤醒方面做得比较成功的仪式中，也有可能存在相当一部分学生将自我封闭起来，不愿发挥自身的主体性参与仪式交流的情况。

无论是时间维度的自我封闭，还是空间维度的自我封闭，最终导向的都是仪式主体对仪式内容和形式的应付、冷漠、厌恶甚至对抗，不愿意在情感上或者行动上参与、理解和体验仪式的价值内容的倾向。2012年4月9日，当江苏启东汇龙中学3000多名师生都像往常一样接受国旗下讲话"如何树立远大理想"的价值教育时，他们听到的却是高二文科班学生江成博事先毫无征兆的对学校教育的一次大批判。

"这种变味的教育，学了能有什么用呢？就是考上大学能如何？找到工作又如何？我们不是机器，即使是机器，学校也不该把我们当成追求升学率的工具！""我们感觉不到老师的伟大，他们为了升学率，不断逼我们，要么是补课，要么是布置做不完的作业，他们所做的一切都说是为了我们好，其实有时我们生病了他们都不知道，就知道我们没交作业，原来他们关注我们只是为了升学率，这不是关心。难怪有调查显示，90%的学生毕业后不回母校看老师，一点感情都没有！尊敬的老师们，这是你们想要的吗？"①

敢于在众目睽睽之下换掉经过老师把关的"正常"演讲稿，这名学生

---

① 内容节选自"百度百科"中"江成博"词条。

显然不是一时兴起，而是经过了很长时间的情绪积聚和理性思考。演讲内容对教育的批判以激烈和反常的态度表达了对以往冠冕堂皇、隔靴搔痒式的国旗下讲话的轻蔑和反抗。这种轻蔑和反抗间接证实了日常升旗仪式乃至其他仪式中仪式主体的自我封闭。主体也许在行为上认真地配合服从，但他可能一直都没关心过仪式，没有对仪式的预期和想象，也没有仪式后对仪式的追忆；没有主动走进仪式，也没有让仪式走进自己，把自己封闭在与仪式相隔离的孤立的空间中。

自我封闭实质上是教育者或学生自身并没有把自己当作主体看待，没有将体现主体性的主体情感、理解力、想象力、意志力素质和能力投入仪式过程中。换句话说，在仪式过程中，仪式即使提供了良好的体验环境，主体由于成见和消极的态度而并不把仪式当作一次价值学习和体验的机会，不愿意去体会和认可仪式对自身的意义与价值。

仪式的重复、程式化、强制性所导致和强化的仪式主体的客体化和自我封闭化也许正是政治灌输所必需的。政治灌输并不把学生看作具有独立个性和思想的主体性的人，其基本逻辑是行为主义式的。行为主义心理学派的格思立依据行为心理学的基本原理，提出过一种破除和形成习惯的方法——疲劳法：不断重复刺激线索，直到有关反应疲劳为止。比如要训练一匹马，"如果这匹马不听话，就一直骑在上面，让它发作，待到它疲劳时就听话了"[①]。在这个意义上，以观念的灌输和行为的塑造为目的的反主体性的仪式与对动物的训练并无二致，即通过不断重复仪式，在仪式中持续灌输同样的价值内容，在过量的刺激之下，参加者就会疲劳，像马一样最终被驯服。

然而，在弘扬主体性和理性的时代浪潮之下，漠视人的主体性的行为主义"教育"方法不仅要遭到合法性的质疑，其有效性也受到挑战。挑战的核心内容之一是：如果仪式的结果是仪式主体对共同体活动的应付、冷漠甚至对抗的情感和态度上的自我封闭，概言之，是个体与社会的疏离，那么，这种"教育"恐怕难言有效。如果仪式前后总是得到"浪费时间""无聊""跟我们没什么关系"等评价的话，我们还能对这样的"教育"理直气壮吗？要知道消极体验的背后是仪式主体的主体地位遭到

---

① 施良方. 学习论[M]. 北京：人民教育出版社，2001：68.

轻视，主体的自主性、自尊感、价值感遭到了教育者的漠视和伤害。在仪式缺乏缓解这些消极情感的方式或者满足他们内在的需求时，消极的情感会转化为主体的反抗行为。这些情感和态度最终导向的是包括师生在内的仪式主体对教育的失望、批判，以至于仪式和整个教育神圣性彻底丧失。伴随着作为精神高地的学校的沦落，师生的存在体验和价值感也将不可避免地面临威胁——事实上，这在一定范围内已经发生了。

## 三、学校仪式的合法性缺失

所谓仪式的合法性，就是"仪式为谁而办"和"仪式为什么办"的价值合理性。学校仪式合法性的缺失是教育者无视受教育者在教育中的主体地位、无视他们的需要而导致的仪式存在理由的缺失。仪式主体性的发挥是仪式合法性的基础。主体的降格是抽掉了这个基础，并且引发仪式根基的动摇。仪式整体的合法性缺失或某个环节不合法都有可能在根基和要素层面消解仪式的神圣性。

合法性的来源总是与当时的社会意识形态紧密相连。前现代社会中，存在三类不同合法性来源的仪式。第一，自然仪式。自然仪式的合法性一般建立在与自然物或自然现象勾连的基础上，或者说源于人类对自然的认知。原始初民生存能力低下，在强大的自然力量面前，人类感到无比的渺小、恐惧，大自然也就成为人类敬畏的对象。人类通过仪式向自然的天与地表达敬畏、希望，赢得自然的怜悯和护佑。因此，可以说，对自然的敬畏是自然仪式的合法性来源，也产生和保证了此种仪式的神圣性。第二，神话仪式。神话与仪式乃一体之两面。一方面，神话起源于宗教仪式的需要；另一方面，也不能否认神话对于仪式具有原型的意义，大量的仪式内容是对神话的某种呈现。从以上意义上说，神话可以看作仪式的合法性来源——神话如此，仪式亦应如此。又由于神话中的宇宙、祖先、图腾、英雄都被认为是不可亵渎侵犯的神圣者，以神话为脚本的仪式具有了神圣的特质。第三，宗教仪式。宗教仪式的合法性源于人们对宗教偶像的精神认同和对宗教教义的领会与接纳。如果没有认同和接纳，仪式主体就会在潜意识中带有或生成对于仪式的冷漠或排斥的情绪，从而很难投入仪式活动中，并产生神圣体验。

现代社会是人摆脱对人的依赖性、发扬人的主体性的社会，仪式的合法性源于对人的主体地位的承认和接纳。学校仪式的合法性亦因此源于其对人的主体地位的承认和接纳。然而，主体性的降格却抽掉了其合法性基础。学校仪式合法性缺失对仪式的价值根基产生了根本性的影响，即仪式的整体价值导向和氛围不符合神圣价值的主旨要求。华中科技大学2010届学生的毕业典礼上，校长的部分演讲内容之所以引发争议，一个重要原因就是该演讲虽然试图通过贴近学生文化的时髦表达引发学生的共鸣，却未能充分考虑这种表述是否合乎时宜，是否会对仪式发挥引领和激发主体神圣体验产生负面影响，是否损坏了毕业典礼所应具有的典雅和神圣的氛围。中学将成人仪式办成了高考宣誓仪式，使成人仪式偏离了它所蕴含的生命价值。根基层面合法性的缺失会导致仪式的滑稽、荒谬、形式化，神圣性就会大打折扣。以开学典礼为例，入学仪式意味着学生在从低年级升入了高年级的同时，个体生命形态已经发生了转变，其生命经验和困惑、义务和责任与以往相比都发生了巨大的转变。仪式也要围绕这一主旨设计仪式活动的各个环节。如果背离这一主旨，合法性和神圣性就成为一个问题。而有的学校在开学典礼上嵌入奖励高分考生的颁奖环节和娱乐性的歌舞表演环节，在校长发言中过分突出考试的重要性，这就把学生主体降格为缺少更高层次精神生命追求的"庸众"，教育放弃其超越与引领的使命，沦为对学生感官需要和功利化社会价值观的纯粹适应和迎合，这样的仪式在主旨上损害了仪式的合法性的同时，也必然冲淡仪式的神圣性氛围。

## 四、结语

如果我们承认仪式主体的降格是学校仪式神圣性缺失的根源之一，那么仪式教育下一步的努力方向就是使教师和学生从仪式旁观者成为仪式的参与者，让师生双方共同参与仪式神圣性的建构过程。第一，学生主体参与仪式的设计、举办、反思的全过程。以往的不少仪式设计由教师主体一手包办，而将大部分学生主体排除在外。一方面，缺少学生主体行动上的参与，仪式设计和组织实施主要是教师和少部分学生干部的任务；另一方面，学生的情感和精神世界被忽略，没有纳入仪式设计理念和具体环节中。让学生成为参与者要求赋予学生更多的参与仪式的机会，机会可以表现为仪式规范、价值主题、仪式呈现方式等设计组织问题出谋划策，也可以体现为仪式过程中对学生专注、回忆、想象等主体性的调动，以及在调动主体性基础上的情感和精神世界的唤醒。第二，教师主体也应投入仪式的交流体验活动中。教师主体对自身的社会代言人和价值传递者的角色认识较为充分，但对自身作为交流者和体验者的角色认识不足。其一般后果是单方面要求学生在语言行为上遵守仪式规范，却并不在意自身的仪式语言和行为；要求学生领悟和体验仪式中的价值主题，自己却可以置身于仪式之外。让教师主体成为仪式参与者，也就意味着教师把自身当作仪式价值的载体，在要求学生在精神和情感上投入仪式情境的同时，自己也要以身作则地遵循仪式的相关规范，聆听仪式过程中学生的"声音"，体会仪式所试图传达的价值主题。

当然，对主体性的强调，并不意味着可以无视其他主体。个体借助仪式情境更充分地理解、接纳、融入其他主体，从有限的自我走向无限的学生共同体、教师共同体、家庭共同体、社会共同体、自然生态共同体，才更有可能获得神圣体验，建构起自我的神圣价值世界。

# 学校公民教育课程的设计

南京师范大学道德教育研究所　冯建军

## 一、公民教育课程化

公民教育资源具有普遍性，只要对公民培养产生积极影响的资源，都可以称为公民教育资源，这其中包括有意设置的，也包括无意影响的。但学校教育作为一种有意识地培养公民的教育实践，重要的手段之一是借助于课程的实施。当前大多数国家都通过各种课程形式推行公民教育，公民教育课程化成为世界公民教育发展的潮流和趋向。公民教育课程化，就是要将公民教育资源转化为相应的课程，通过学校开设课程，有目的有计划地进行公民教育。这虽然在范围上缩小了公民教育资源，但公民教育课程化可以使公民知识的学习内容更系统，更加具有针对性，公民教育也更有抓手，更加可控和操作。当然，公民教育课程化，并非要公民教育只局限于课程。公民教育内涵丰富，要求复杂，需要对青少年进行系统的、全方位的培养。课程只是实施公民教育的一个基本方面和基本途径。

当然，"课程"一词的范围也在不断地扩大，它不仅超出了知识本位的教学科目，而且也超越了"一种学习计划"和"预期的教学结果"，因为有太多的"有心栽花花不发，无心插柳柳成荫"的情况出现，也就是说"计划的"和"预期的"影响不一定起作用，而起作用的或许是那些不在计划之列和预期之中的事情。从实然的教育效果看，凡是学习获得的经验都是课程，因此，课程即学习经验，这里经验可能来自于有计划的指导，也可能来自于非预期的作用。学校公民教育作为学校有目的的实践活动，所借助的最重要的载体就是课程。我们同意把课程定义为"学生的学习经验"，是"学习者在学校指导下学得的全部经验"①，包括学校有计划进行的经验，也包括在学校有意设计的环境中潜移默化获得的经验。

依据课程即"学生在学校指导下学得的全面经验的总和"这一界定，公民教育课程是学生在学校中获得的有助于公民身份认同的教育经验的综合。公民教育的课程化则有三个方面的体现。一是直接的公民教育课程，主要表现为独立的公民教育科目（如英国的"公民科"）和以社会科或品德与社会等这样的交叉学科为基础的综合课程（如美国的"社会科"，我国的"品德与社会""社会"）。这样的课程以公民教育为中心任务，目的明确，也容易凸显公民教育的特色，在公民教育中发挥着直接的作用。二是间接的公民教育课程。间接的公民教育课程，也是通过课程的形式来进行的，只不过这种课程并非以公民教育为直接目的，而是在进行其他课程教学中有意识地渗透公民教育。间接的公民教育课程主要表现在其他课程对公民教育的渗透方面。加拿大的公民教育课程主要采取的就是这种方式。三是隐性公民教育课程，即隐性课程意义上的公民教育，将公民教育隐含在学校教育体制、学校管理、学校文化和课外活动等各种隐性课程中。相对于直接和间接公民教育课程明确的目的性和计划性，隐性课程是非计划、无意识和不明确的影响，它主要通过非学术、隐含性、非计划、潜移默化的方式实现。与直接公民教育课程相比，隐性的公民教育课程超越了学校正式课程，但它确确实实会对学生公民品质的形成产生影响，这种影响要求公民教育不只是在正式的课程中，而且也要体现在学校生活的方方面面。三种课程化形式各有利弊，较为理想的模式则是将它们结合起来，构筑立体化的公民教育模式，全方位地发挥公民教育的功能。

公民教育课程化是对公民教育资源的有效组织，是将普遍的、分散的公民教育资源，根据国家和社会的要求以及青少年身心发展的特点，通过科学合理的组织，使其对青少年公民素质的培养发挥集中有效的作用。公

---

① 江山野. 简明国际教育百科全书·课程[M]. 北京：教育科学出版社，1991：65.

民教育课程化不等于公民教育课程，公民教育课程是公民教育课程化的一种直接形式，是公民教育更为直接的体现。当前世界大多数国家都通过专门的公民教育课程，有目的地强化和实施公民教育。开发和实施公民教育课程，是学校公民教育的重要途径。

## 二、公民教育课程的性质

### （一）综合性

公民教育课程"好像一个管弦乐队要演奏一首特定的曲目（某个年级或某个特定的学习方案），在一个时段，某种乐器（一门课程，如历史）为领奏，而其他的（例如地理、经济学）则为伴奏；而在另一个时段，一些乐器（如地理和经济学）或所有乐器会在全曲中同时发挥作用，以完整再现作曲家的主题。演奏效果取决于作曲家的创作（课程的设计）、各种乐器的独特音色（各个学科的贡献）、配套的音响（课程设计者和教师的专业水准、学校条件以及教学资源），以及音乐家和乐队指挥（学生、教师、大纲制定者以及实施者）的技巧"①。在这个意义上，我们不能把公民教育课程只看作一门课程（一种乐器独奏）（尽管有时它也是一门课程），而是课程的综合（多种乐器的合奏），这取决于不同阶段儿童发展的水平和需要。小学和初中阶段可以统整为一个综合科目教授，高中阶段可以按照并列课程分科教授。无论是作为一个学科实施的综合课程，还是分科教学的并列课程，在公民教育的意义上，都体现着对公民教育的综合。就公民教育的内容而言，涉及政治、经济、法律、伦理道德、宗教、社会、哲学、地理、历史、国际问题和环境保护等多个学科，并且还从自然科学、社会科学中选取适当的内容。公民课程与许多学科相连，但又不等于这些学科，公民教育是多学科的综合。

### （二）价值性

价值观是公民素质的重要体现，也是公民教育的核心。对于如何教授

---

① 高峡. 美国公民教育课程的设计与内涵——美国社会科课程标准主题探析[J]. 全球教育展望，2008（9）.

价值观，存在着不同的认识。在自由主义看来，价值观是公民个人的选择，公民教育在价值观上必须中立，这就出现了价值澄清学派的相对主义。但西方价值观教育的历史发展，使我们看到，20世纪80年代以来，品格教育（character education）成为价值观教育的主流。它不仅强调教育必须给学生以价值观，而且强调要传授核心的价值观。公民不是孤立的个体，他生活在家庭、社区、学校、国家和全球之中，因此，必须学会处理与他人、与社会、与国家、与世界的关系，培养他们成为一个有主体人格、有权利和义务，并对他人、家庭、学校、社区、国家和世界负责任的人。国家公民是现代公民身份的主导，公民教育课程的价值性必须体现公民对国家核心价值观的认同，把国家倡导的核心价值观纳入公民教育课程之中。

### （三）生活性

公民教育课程是以公民生活中的问题为核心组织的课程。公民教育要学知识，但学知识的目的不是为了知识本身，而是用知识解决问题，提升公民的行为能力。为此，公民教育课程需要以公民生活中的问题为核心建构。这种以生活问题为核心的组织方式，不同于以往生活范围逐渐扩展的"同心圆"方式。因为现代青少年已经普遍借助于网络、交通工具等信息媒介或载体，生活的范围已经远远超出了物理空间的局限。公民教育课程打破简单的"同心圆"的生活扩展的方式，以青少年生活中的问题为核心组织课程内容，这样既可以使学生迅速超越他们身边的环境，对世界其他地方的文化熟悉起来，同时又没有脱离学生的生活。

### （四）实践性

公民教育的课程设计，必须以学生为主体，以公民生活中的问题为核心，让学生通过自主探索、合作讨论和研究，解决公民生活中的问题。因此，公民课程必须体现出实践性。即便是学科课程的知识学习，也必须体现出知识获得的探索过程，而不是对知识的记忆。传统公民教育，尤其是学科课程，偏重于传授公民知识，很少作为一种实践去培养公民的行为能力。现代公民教育将知识运用于实践之中，使用探究、讨论、反思、角色扮演和价值澄清等方法，培养公民理性反思和批判性思考的能力。公民教育虽然借助于课程，但课程的实施不应该拘泥于课堂，公民教育课程学习必须与社会实践相联系，引导学生自主参与丰富多样的实践活动，在认识、体验与践行中促进公民意识、公民品德的形成和公民技能的掌握及公民能力的发展。

## 三、公民教育课程的目标

公民教育课程目标取决于公民教育目标。公民教育虽然与公民道德教育、政治教育有联系，但不等于公民道德教育，也不等于公民政治和法律教育。道德和政治、法律不是公民身份的全部，而只是公民教育的一部分。把公民教育等同于公民道德教育或政治法律教育，缩小了公民教育的内涵。而且政治、法律教育与公民教育的目的也不尽相同。正如法国"公民、法律和社会教育"课程所指出的，公民教育中的法律教育不是向学生教授法律方面的技巧，而是让他们发现法律作为自由之保障的意义；对学生进行政治教育也不是培养学生成为政客，而是让他们了解国家制度的运作和自己作为公民拥有的权利与义务。[①] 当然，"作为一个公民的素养"，也不等同于一个人、一个国民的素养。如果把一个人的素质和国民素养等同于作为一个公民的素质，就容易把公民教育混同于公民所接受的基础教育。[②] 公民教育是针对公民特有素质的培养，这些素质与公民身份的权利、义务等密不可分，否则，则不能成为公民。

公民素养从形式上看，有学者提出包括公民知识、公民立场、公民技能，有学者提出包括公民知识、公民技能、公民态度，还有学者提出包括公民道德、价值观、公民知识和公民参与技能。这些提法其实没有太大的差异。我们这里把公民素养分为公民知识、公民意识、公民道德和公民能力四个方面。这四个方面相辅相成，互为条件。公民意识如果不是基于一种坚实而清晰的对公民知识的理解，它就不过是偏见而已。公民知识如果没有导致公民意识的形成和公民技能的获得，就容易成为学科知识，其用处是片面的。公民不能只有意识和态度，还要有技能和能力，只有这

---

① 汪凌. 法国普通高中公民教育课程[J]. 全球教育展望，2001（7）.

② 《教育大词典》就把公民教育解释为现代国家的基础教育，是每个公民必须接受的基础教育，它主要是对儿童青少年进行全面的素质教育，旨在提高全民族的基本素质。

样，公民才能参与社会生活，真正履行公民的职责。所以，公民教育不只是公民意识和公民道德的教育，还包括公民知识、公民能力的教育。公民教育的最终目的是提升学生的行为能力，造就行动的公民。

我们提出多元的公民身份体系，包括个体公民身份、国家公民身份、社会公民身份和世界公民身份①，分别指向公民自身、国家、社会和世界。每一种公民身份都需要相应的公民知识、公民意识、公民道德和公民行为能力。学校公民教育的目标，就是通过课程、教学和相应的实践活动，使学生掌握必要的公民知识，形成公民意识和公民道德，具有关心他人、社会、国家和人类的情怀和责任感，能够积极参与公共生活，成为一个负责任的合格公民。学校公民教育课程的目标，就是包含在每种公民身份中的知识、意识、道德和能力的要求。我们用下面的表格表示出来。

表 1　公民教育课程目标

| 公民素养＼公民身份 | 个人公民身份 | 国家公民身份 | 社会公民身份 | 世界公民身份 |
|---|---|---|---|---|
| 知　识 | 掌握健康知识、人权知识、消费常识、经济常识、法律知识、政治知识 | 了解国家象征物、地理边界、国家的政治制度、经济体制、政府运作方式 | 了解公民社会的内涵、市民社会组织的类型与运作方式、公民的社会公共生活 | 基本了解世界各国，掌握多元文化知识、关于国际组织和国际法律的知识、相关国际议题的知识、环境保护知识 |
| 意　识 | 具有独立意识、自由意识、平等意识、生命意识、财产意识、权利意识、义务意识 | 具有政治参与意识、民主法治意识、公平正义意识，具有国家认同感和民族自豪感 | 具有自愿意识、参与意识、互助意识、公共意识、和谐意识 | 具有容纳世界多元性的态度、宽容意识、和平意识、可持续发展意识 |
| 道　德 | 自尊、自爱、自立、自强、诚实、勇敢 | 热爱祖国，具有民族自尊心和文化认同感 | 友善、敬业，具有社会责任感、社会公德、公共福祉 | 尊重差异、包容多样、博爱，具有人类共通价值观和全球合作精神 |

① 冯建军. 建立多元的公民身份体系——基于中国的现实[J]. 江苏社会科学，2013（6）.

| 公民身份　　公民素养 | 个人公民身份 | 国家公民身份 | 社会公民身份 | 世界公民身份 |
|---|---|---|---|---|
| 能　力 | 搜集和处理政治资料的能力、自主能力、思考能力、批判反思能力、辨别能力、维权能力、创造能力 | 政治参与能力、民主选举能力、论辩协商能力、批判监督能力、遵纪守法、在政治上与国家保持一致、维护国家的统一 | 维护社会共同利益、有效的沟通表达能力、协调与解决冲突的能力、关心社会弱势群体、参与社会公益活动、成为志愿者 | 跨文化沟通能力、国际理解能力、促进世界问题解决的能力、保护环境和维护生态平衡的能力 |

当然，上述公民教育课程目标，在不同年龄阶段还有不同层次的要求。我们需要结合不同年龄层次和学段的要求，区分公民教育课程不同年龄阶段的目标。

## 四、公民教育课程内容

我们提出现代社会公民身份的多元化，公民教育就是要促使学生对公民多元身份的认同，成为一个复合型公民。[①] 公民教育的内容必须依据多元公民身份而设计。多元公民身份的个体公民、社会公民、国家公民和全球公民，分别对应于四个领域：自我、人与他人和社会、人与国家、人与世界和环境。我们在每个领域中，根据不同公民身份的主题，突出核心概念，并将核心概念转化为课程内容。

个体公民身份—自我—主体性。自我身份是公民首先要认知的，包括认识我是谁。作为一个人，作为一个学生，作为家庭成员，作为社会一员，我的角色要求，我的权利和义务、责任，尤其要了解我作为国家的公民应该具有的权利和义务；确立自我的目的和主体性，捍卫自我人格、尊严，维护自我的独立和自由；形成独立思考的理性、明辨是非的能力、批判思维能力和创造能力；维护自己的合法权利，履行公民的义务。

社会公民—人与人（社会）—关系性（社会性）。人生活在关系

---

① 冯建军. 公民教育目标的时代建构[J]. 教育学报，2011（3）.

中，公民的社会关系包括人与人的关系和人与社会的关系。人与人的关系以尊重平等为基本要求，包括尊重他人的权利与意见，平等待人，具有民主平等的意识；相互关心，团结友爱，守望相助；尊重差异，欣赏他人，宽容异己，包容多元。人与社会的关系以社会责任感为基本要求，包括认识家庭、学校和社会组织，知晓不同组织的生活规则，掌握公共生活的基本要求，具有良好的公共生活的行为规范；认同社会公意，践行公共善，维护社会共同利益；具有公共理性和有效的沟通表达能力、协调与解决冲突的能力；具有高度的社会责任感，关心社会弱势群体，参与社会公益活动，乐意做义工和志愿者。

国家公民—人与国家—政治性。国家是公民身份的承载体。在地理时空中，国家是指被人民、文化、语言、地理区别出来的领土。因此，作为国家公民必须认识国家的地理、历史和文化传统，具有民族自豪感、国家认同感和爱国主义情怀。在政治学意义上，国家是指经济上占据统治地位的阶级进行统治的工具，政府是国家的象征。国家公民必须对政府及政府的运行规则有充分的了解，知道政府的权威何在，政府的责任何在，政府权力又应该止步于何处；同时也要清楚地了解为什么要尊重政府的权威，公民对政府的权力有哪些监督，以及如何在政府管理的框架中维护公民的权利。公民要认识国家的政治制度，认同国家的意识形态和核心价值观；遵守国家的法律制度，捍卫国家的利益，维护国家的统一；热心政治生活，具有民主参政的能力，积极参政议政。

全球公民—人与世界（环境）—国际性（全球性）。全球公民是公民身份的新要求，突出地表现在两个方面：一是人与世界的关系，二是人与环境的关系。在人与世界的关系上，要使学生认识与理解每个人和每个国家的作用对于整个地球和世界的影响，确立相互依存的意识和观念；世界各国的价值观、信念、习惯、文化传统、习俗等具有多元性、多样性特征，要立足于全球的视野和地域的角度，形成多元文化的意识和跨文化交流的能力[1]；要形成人类社会的正义感和共通的价值观，尊重人权，面对国家间的冲突能够坚持正义，维护和平与发展。在人与自然的关系中，面对日益严重的全球环境问题、生态危机，能够意识到全球资源的有限

---

① 熊梅，李水霞. 国际理解教育校本课程的开发与设计[J]. 教育研究，2010（1）.

性，确立环保、节能意识，掌握环保知识和技能，过一种绿色、文明的生活，形成社会可持续发展的良性局面。

我们将上述公民教育课程内容呈现在下表中。

表2　公民教育课程内容

| 公民身份 | 领域 | 主题 | 核心概念 | 层　次 |
|---|---|---|---|---|
| 个体公民身份 | 自我 | 主体性 | 自我认同、权利、义务、自由 | 我是谁（个人、学生、家庭成员、公民）<br>公民的权利与义务<br>作为公民的思维方式和行为 |
| 社会公民身份 | 人与他人 | 关系性 | 他人认同、尊重、平等、友善 | 我生活在关系中<br>对他人的尊重与认同<br>人与人之间的平等、和谐、友善 |
| | 人与社会 | 社会性 | 社会认同、社会责任感、公共道德、公共生活 | 我是社会的一员<br>遵守社会规则，有良好的社会公德<br>认识公共机构，参与公共生活 |
| 国家公民身份 | 人与国家 | 政治性 | 国家（民族）认同、政治生活、经济生活 | 认识我的国家和民族（地理、历史和文化）<br>认识政府、政党、政治制度、经济制度和社会管理制度<br>参与国家政治生活和经济生活 |
| 全球公民身份 | 人与世界 | 国际性 | 全球认同、国际秩序、文化多样性、世界和平 | 认识世界的变化和多极化<br>认识国家间的相互依存和文化的多样性，具有国际观念和跨文化交流的能力<br>认识国家间的冲突，具有和平意识并致力于国际和平与发展 |
| | 人与环境 | 全球性 | 资源有限性、生态问题、可持续发展 | 了解地球资源的有效性及其面临的问题<br>掌握基本的环境保护知识和技能，形成环保意识、可持续发展意识和有效参与的能力 |

总之，公民教育内容不像其他学科一样有着明显的层次和递进关系，但并非它们之间没有联系，它们围绕着公民的生活，建构了公民在个体—群体—社会—国家—世界中的不同主题，形成了每一个主题中知识—认识—能力—实践的发展环节，构成了一个完整的、循序渐进的、可以在

不同学段和年级之间调节的课程内容体系，体现了课程的完整性、系统性和层次性。上述公民教育课程内容体系是基于多元公民身份的逻辑建构的，在实际教学中，可以根据国家和社会不同时期的需要，确定其不同的侧重点。

## 五、公民教育课程的形态与组织

公民教育是面向公民，通过公民生活造就公民的教育。公民在生活中接受教育。生活是全方位的，因此，公民教育是一种全时空的教育，生活延伸到哪里，公民教育就应该指向哪里，覆盖到哪里。公民教育不同于学科知识学习，学科知识以文本课程为核心，但公民教育课程必须超越文本课程，将所有影响公民身份生成和发展的文化、环境、信息和行动因素都纳入公民课程系统之中，从而把社会文化、学习者的学校生活、学校的公民教育活动整合起来，涵盖学习者的全部时空，建构一种重视境域、生成和复杂性的"全景式课程观"①，建立全面覆盖的公民教育课程系统，包括公民教育的学科课程、活动课程和生活课程。

### （一）学科课程

学科课程是以学科为中心编制的课程。公民教育的学科课程有两类，第一类是专门的公民教育学科课程，第二类是以学科课程的方式存在于其他学科课程中的公民教育内容及其对公民教育的影响。第一类专门的公民教育课程是以专门介绍公民所需要的知识、技能和国家政治、经济的制度与运作规则为主要内容的课程。公民教育是否需要专门化课程，本身存在着争论，争论的重要原因是公民教育内容已经蕴含在其他学科之中，专门的公民教育课程与其他课程重复。因此，公民教育不一定专门化，但它需要利用其他学科的知识为培养公民服务，在其他学科教学中渗透公民教育，这是一种利用学科课程实施的间接公民教育。从当今世界各国公民教育课程的发展看，越来越多的国家趋向于开设专门的公民教育课程，同时，也注重其他学科课程对公民教育的渗透。就我国的情况而

① 牛金成. 德育课程概念的重构[J]. 教育评论, 2007（1）.

言，公民教育基本上是通过政治、思想品德、历史与社会等课程渗透的，鲜有系统的公民教育课程。正如有研究者所指出的，我国的公民教育课程存在着课程定位模糊、体系不完善、目标不明确以及内容不平衡等问题。① 因此，我们需要明确公民教育的目标，整合相关课程内容，建立专门的公民教育课程。

公民教育是学科课程，但不是分科课程，而是综合课程。它依托学科，但不唯学科，它要立足于多学科的视野，吸收多学科的知识，围绕着公民生活，进行多学科、跨学科的综合。美国著名教育家和历史学家哈里·P. 贾德森（Harry P. Judson）编写的《美国公民教育读本》就属于学科课程。该书介绍了美国社会的政治制度和公民需要掌握的政治、经济的知识，包括"我们的祖国、共和国、法律和立法者、政府对我们的地位是怎样界定的、民族独立、一个联邦制的共和国、美国的地方自治、立法者、法律是怎么执行的、总统内阁、法律在各州是怎样执行的、法官和评审团、政府怎样筹钱、我们是谁、谁统治我们"等主题。②

1917 年商务印书馆出版的供国民学校修身科用的教科书《公民须知》的主要内容是：

第一章　总说
　　第一节　公民
　　第二节　公民之资格
第二章　公民之权利
　　第三节　自由
　　第四节　平等
　　第五节　选举与从政
第三章　公民之义务
　　第六节　纳税与公债
　　第七节　服兵
　　第八节　守法
　　第九节　教育

---

① 王文岚，黄甫全. 我国公民教育课程发展的回顾与展望[J]. 学术研究，2008（11）.
② ［美］哈里·P. 贾德森. 美国公民读本[M]. 洪友，译. 天津：天津人民出版社，2012.

第四章　地方自治

第十节　户籍与警察

第十一节　公益机关

第十二节　公安机关

第五章　国家之组织

第十三节　国体与政体

第十四节　立法

第十五节　司法与行政

公民教育学科课程，要根据学生的年龄特征，选择不同的综合形式。小学和初中阶段宜采用综合公民教育课程。该课程体系应以培养合格公民为目标，围绕公民的知识、技能和品性。小学阶段以儿童现实生活为核心，重在认识我、我的家庭、我的学校、我的社区；初中阶段以社会生活为核心，重点认识民族、国家、社会和世界；高中阶段宜采用分科的公民教育课程，根据公民身份的核心内容，帮助学生深化对公民地位、权责以及实践的认识与理解，形成理性决策与批判思考的能力。高中的公民教育课程虽是分科的，但其多个学科组成了公民教育的课程体系。正如法国学者里沃尔（Ren Rvol）所说，公民教育的独特性在于所有学科应该为培养公民"在一起工作"，但不是"同时工作"①。这种围绕公民培养的综合课程体系，既不忽视学科知识在公民培养中的价值，又不否认在综合与分科教学之间转换的合理性。

## （二）活动课程

学科课程作为认知性课程，能够有效地促进学生公民知识的掌握，增进学生的理性思考，但也容易与学生生活相脱离，造成学生公民知与行的分离。越来越多的公民教育研究者看到了公民教育学科课程的不足，提出以活动课程弥补学科课程的不足。

活动课程又称为经验课程、儿童中心课程，它是以儿童的兴趣和需要为出发点，以儿童的活动为载体，为改造儿童的经验而设计的课程。学科课程以知识为载体，活动课程以活动为载体。活动课程并非不要知识，而

---

① 王凌. 法国普通高中公民教育的课程[J]. 全球教育展望，2001（7）.

是与学科课程学习间接知识不同，活动课程在探索中获得直接知识，或者是使间接知识"活"化。当然，活动课程最大的特点还不在于掌握公民知识，而是通过各种活动，让学生在公民生活中掌握公民生活的技能，体验公民的情感，养成公民的道德和行为习惯。

公民教育活动课程基于儿童的经验和需要，把公民生活中的问题，通过各种外部活动的形式来组织、设计。对于儿童来说，活动课程是其最喜欢的课程；对于公民教育来说，活动是公民道德和公民行为养成的基本条件。公民教育就是在公民生活中培养公民，强调在做中学，在体验中学，在问题解决中学。如上海市教委编写的《公民社会参与——社区问题的探究实践》就是一种公民教育的活动课程。它将学生的学习活动分为七个步骤：（1）实地观察我们生活的社区，发现社区中存在的问题；（2）找出大家共同感兴趣探究的社区问题，找出其值得探究的理由；（3）通过民主程序，确定班级共同探究的社区问题；（4）对班级共同探究的社区问题，分组从不同的角度进行探究；（5）在班级交流分组探究的结果，提出推进社区问题解决的建议；（6）采取行动尝试推进社区问题的解决；（7）展示、交流、评价和反思探究的过程和结果。① 这一活动不仅解决了社区问题，体现了公民对社会的参与，而且学习活动中的民主协商、合作、批判反思也是公民必须掌握的公民技能。社会服务学习作为美国公民教育的重要形式，也是以活动课程形式呈现的。它将课程学习与社区服务结合起来，使学生在参与有组织的服务行动中学习课程。服务学习分为五个部分：（1）预备——学生发现社区中的问题，并制订适合社区需要的行动计划；（2）合作——学校与社区形成伙伴关系，共同解决社区问题；（3）服务——学生实施有助于社区的服务计划；（4）课程结合——学生为解决社区问题，综合运用在学校所学习的知识；（5）反思——学生在活动结束后，对所从事的社区服务进行讨论、思考并撰写报告。

活动课程也有缺陷。比如，它不能有效地传递学科知识，而且在班级授课制的情况下，活动课程的实施也受到限制。因此，公民教育的活动课程必须与学科课程相结合：一方面，鼓励学生将学科课程中所学的公民知

---

① 上海市教委教研室. 公民社会参与——社区问题的探究实践[M]. 上海：上海教育出版社，2008.

识、技能和判断策略应用于实践，解决公民生活中的问题；另一方面，引导学生体悟活动的意义，挖掘活动的教育因素，避免活动流于形式。

### （三）生活中的隐性课程

尽管公民教育的学科课程和活动课程都强调以学生生活为核心，但现实的生活范围远远超出了课程中的生活，学科课程、活动课程中的生活是经过有意识选择的纯洁生活，大量的生活存在于社会现实中，对学生产生着隐性的影响，构成了公民教育的隐性课程。隐性课程对公民的影响不比显性课程小，有时候显性课程的效果不明显，就是因为被隐性课程的作用所抵消。有学者谈到道德教育时指出："道德教育如不关心隐性课程，期望得到满意效果是不可能的。"[①] 公民教育同样如此。

隐性课程是指"这样一些教育实践和成果，它们在学校政策、课程计划上没有明确的规定，然而又是学校经验中常规的、有效的一部分"，它指向"那些构成学生进行非学术性的，无法评定的学习活动的各种影响"[②]。隐性课程以间接的、隐含的方式呈现，对学生的影响更多地体现在情感、态度与价值观方面。

公民生活中的隐性课程，既有社会生活中的，又有学校生活中的。社会参与是公民社会生活的重要内容。除了参与诸如投票选举等重大政治活动外，大量的公民活动是参与日常社会生活，如工作、消费等。公民在社会生活中必须了解自己的权利和义务，以公民特有的行为方式参与社会生活，在"过公民生活"中学做公民。社会生活是复杂的，学校作为社会的一部分，可以引导社会生活，但无法控制社会生活，学校能够做的是创造适合青少年成长需要的学校公民生活。

学校生活是学生身边的隐性公民教育课程，是一种可控的公民教育课程。公民教育的学校生活课程，包括学生的课堂生活、班级生活、交往生活和校园文化活动等。菲利普·W. 杰克逊（Philip W. Jackson）分析了学校班级生活中三个重要的隐性课程因素。第一是"群体"（crowd）。班级中充满了各种规则、规定、常规，学生必须在满足的延迟、欲望的打消、

---

① 鲁洁. 德育社会学[M]. 福州：福建教育出版社，1998：314.
② 江山野. 简明国际教育百科全书·课程[M]. 北京：教育科学出版社，1991：92.

工作的中断中才能理解和适应它。第二是"表扬"（praise）。即班级中教师的评价、学生之间的评价等使得学生尽力与教师和班级所要求的价值保持一致。第三是"权力"（power）。班级中的权力结构和差距是班级社会结构的重要组成部分，学生对社会的适应首先从适应班级的社会结构开始。① 班级是一种什么样的组织结构，教师的领导方式如何，学生间的交往关系，班级规则的制定等，都对学生公民品性的塑造产生着影响。公民教育就是要按照公民的生活方式，塑造班级的公民生活。校园文化活动是学生参与学校生活的重要渠道。校园文化活动的各种升旗仪式、节日庆典、集会活动可以培养学生爱国、爱校的精神和民族荣誉感。同时，丰富的校园文化活动还可以为每个学生提供选举代表和参与学校、班级决策活动的机会，使学生能够积极地参与学校社团的管理过程，有机会就学校社团面临的实际问题发表见解，进行分析并设计解决方案，从而大大提高学生的自治能力和参与能力。

隐性课程因为不列入课程计划，且具有隐蔽性，容易被人忽略。但它却对公民品性的培养有着巨大的作用。因此，我们不能因为其隐蔽而放任自流，而必须按照公民身份的要求对学生的学校生活进行优化，让学生在学校中过一种公民生活，成为学校生活的真正公民。

---

① 檀传宝. 学校道德教育原理[M]. 北京：教育科学出版社，2004：138-139.

# 全球化背景下的国家认同教育

南京师范大学道德教育研究所　余维武

20 世纪末以来，信息技术革命引发了人类大变革，全球不同地区与国家之间在经济、政治、文化上的联系和交往愈加普遍，全球化趋势日益凸显。在全球化不可阻挡的背景下，民族国家、公民身份等理念面临着重新思考的必要。由此，如何培养公民对国家的认同与忠诚，成为公民教育领域内亟须研究的问题之一。

## 一、特定政治共同体视野下的公民观

"公民"（citizen）是一个源自西方的传统概念。自产生之时起，它便与特定政治共同体联系在一起。因此，对"公民"概念的历史流变加以辨析，要把"公民"放在特定政治共同体的框架下进行考量。

从历史和辞源上看，"公民身份"先是与城邦（城市），继而与国家相联系。"公民"源自拉丁语的 civis，意为 civitas（城邦，city-state）的一个成员；拉丁语的 civis 和 civitas 对应于希腊语的 politēs 和 polis。在古希腊和古罗马，只有公民是共同体（城邦或者国家）的一个完全的成员，才能够参与共同体的政治治理。而其他成员，包括妇女、儿童、奴隶和外来者，则不能享有这种政治治理资格。① 在中世纪和文艺复兴时期的欧洲，"公民"则意指自由市或者城市共和国的居民。法文的 citoyen（公民或市民）乃由 cité（城市）而来，意指"居住于自由市的居民"。英文的 citizen 也有相同的含义，它是指"城市中的自由人"或是"享有交易自由

---

① ［英］恩靳·伊辛，布雷恩·特纳. 公民权研究手册[M]. 王小章，译. 杭州：浙江人民出版社，2007：202-203.

及其他特权的城市居民"。德文的 bürger 也是由"自由市"的概念而来，指居住于此种城市享有特定权利的人。① 自 1648 年为结束宗教战争而缔结的威斯特伐利亚和约延续至今的国家模式，以及 18 世纪资产阶级革命带来的近代西方民族国家的形成，"公民"即和"民族国家"联系在一起。脱离民族国家，则不复有公民，没有公民，则民族国家不具有近代性。自此，公民概念的核心部分是指公民享有一种面向国家的资格、地位或权利。也就是说，近代以来的公民概念必须与民族国家概念结合在一起，二者相互依存。

正因为公民与特定政治共同体联系在一起，因此，近代以来的公民身份便可以首先界定为个人在一个民族国家中所拥有的、在特定的平等水平上具有一定普遍性权利和义务的成员身份。这意味着要确立一种资格，或者说，意味着要确定在一个特定疆域内所有的居住者中，谁将被看作公民而享有特定的权利。② 在此意义上，拥有公民身份可以理解为与拥有某个特定民族国家的国籍是等同的。因此，公民身份首先意味着它是一个排斥性的范畴。这个排斥性范畴将公民与陌生人、外人、外侨等区分开来。

自近代以来，公民概念虽与民族国家紧密联系在一起，但是，在民族国家框架内，却未必衍生出公民观念。民族国家和公民国家之间是有重要区别的。公民国家是相对于君主专制国家或其他形式的专制国家而言的，而民族国家的区分对象是前近代的王朝国家或帝国，也就是说，近代以来建立的民族国家可能是公民国家，也可能不是公民国家。公民是公民社会的成员，而不是国家统治者的臣民或奴隶。拒绝神权论、君主专制以及中世纪所界定的"属民"（subject）概念，进而接受"个人"（individual）这个理念，对西方世界而言，这样的转折是公民理论最重要的转折之一。③ 公民国家的意义在于，它使得公民参与国家政治成为合理合法的要求。实际上，公民之最古老的意义，即参与政治上的自我治理。亚里士多德将公民定义为集统治权与受治于一身的人，从而使公民在概念上与政治治理无法分开。一个不实行自由法治与民主参与，但却承认讲不

---

① 许纪霖. 公共性与公民观[M]. 南京：江苏人民出版社，2006：282.

② ［英］恩靳·伊辛，布雷恩·特纳. 公民权研究手册[M]. 王小章，译. 杭州：浙江人民出版社，2007：17.

③ 许纪霖. 公共性与公民观[M]. 南京：江苏人民出版社，2006：173.

同语言的权利，推行一些精选的少数民族文化习惯，同时否定言论、结社、出版自由的国家，不是一个公民国家。

自近代启蒙运动与资产阶级革命在全球各地开创了由臣民向公民转型的进程后，这个进程至今未停止，尽管世界上绝大多数政府都已宣称自己是由"公民"构成的某种类型的"共和国"。因此，在今天，公民的核心意义不仅意味着一种特定政治共同体的成员资格，而且意味着是否享有基本的自由权利。正如威尔·吉姆利卡（Will Kymlicka）所说，"公民身份一方面与个人权利观念紧密相连，另一方面又与对特定共同体（community）的隶属观念密切相关"①。这些基本权利，按英国著名社会学家马歇尔（Thomas H. Marshall）的观点，包括公民权利、政治权利和社会权利，只有满足了这些条件的成员，才能称为严格意义上的"公民"。

## 二、公民观在当代全球化背景下的嬗变

正因为传统公民观与特定政治共同体联系在一起，因此，近代以来公民教育通常是在民族国家的框架下加以考量的。传统公民教育关涉的是个人与国家的关系。但是，这种传统的以个人—国家为思考框架的公民教育，正面临着自 20 世纪末以来全球化趋势的冲击。

自 20 世纪 80 年代末以来，"全球化"成为国际学术界使用最为普遍的概念之一，但同时也是内涵界定分歧最大的概念之一。那么，到底什么是全球化？麦格鲁（A. McGrew）对全球化做了如下界定：全球化是指超越构成现代世界体系的民族国家（包含着社会概念）的复杂多变的相互联系和结合，它确指一种过程，通过这一过程，在地球某一地方的事件、活动、决定会给另一个地方的个人、群体带来重大影响。② 马歇尔·麦克卢汉（Marshall Mcluham）在《传播研究》一书中则提出了"地球村"的概念，用来描述全球化现象："地球犹如一个个村庄。世界各国文化在'世界化市场'的基础上正在经历巨大的转型，这种转型既表现在各国文化的交流和合作上，又表现在媒介技术上。"罗兰·罗伯森（Roland Robertson）

---

① 许纪霖. 共和、社群与公民［M］. 南京：江苏人民出版社，2004：236.
② 岳长龄. 西方全球化理论面面观［J］. 战略与管理，1995（6）.

认为："作为一个概念，全球化既是指世界的压缩，又是指对世界作为一个整体的意识的增强。"① 吉登斯（Anthony Giddens）则认为："全球化是指一个把世界性的社会关系强化的过程，并通过此过程而把原本远离的地方连接起来，令地与地之间发生的事也互为影响。"② 综合以上诸位学者对全球化的描述，可以认为，全球化实际上是描述了这样一个过程，即一个地区发生的事情会迅速对世界其他地区产生影响，经济、政治、文化等所有的人类社会活动领域，全世界不同地区和共同体之间的互动网络与流动范围不断扩大，影响不断加深，速度不断加快。"在相互依存日益复杂的时代，国家不可能完全地使其公民免受其他地方事件的影响，而国内的繁荣与人类安全也强烈地要求采取多边协调行动。"③ 因此，全球化可以定义为"既是一个使地域间日益紧密的相互联系成为决定性因素的过程，又是一种使'全球主义'成为一种支配性策略的过程"。

自 20 世纪末以来，日益凸显的全球化趋势，对民族国家框架下的传统公民观产生了很大的冲击。其中最大的冲击之一，就是公民对国家的认同意识。培养公民对民族国家的认同意识，本是公民教育的基本内容之一。但是，全球化对一直以来是确认公民身份的权威和唯一来源的民族国家提出了挑战。这些挑战向人们提出了一个根本的问题，那就是："到底是什么将公民维系为一个政治共同体？"④

首先，由于全球化进程导致了各式各样的移民，祖国和移居国社会之间那种异常复杂的关系，将导致传统的民族国家公民观念陷入困境。面对这种困境，哈贝马斯（Jürgen Habermas）敏锐地指出，移民激发起一个民族在伦理—政治方面的自我理解，因为移民同时也改变了民众在伦理—文化方面的结构。⑤ 对于这些移民来说，传统的那种绝对排斥性的民族国家认同基本上不复存在。相反，这些移民很可能将会发现，在不同的层面和

---

① ［美］罗兰·罗伯森. 全球化——社会理论和全球文化［M］. 梁光严，译. 上海：上海人民出版社，2000：11.

② Giddens, A. *The Constitution of Society*［M］. Cambridge：Arrangement with Polity Press，1984：21.

③ ［英］托尼·麦克格鲁. 走向真正的全球治理［J］. 马克思主义与现实，2002（1）.

④ 许纪霖. 公共性与公民观［M］. 南京：江苏人民出版社，2006：296.

⑤ 汪晖，陈燕谷. 文化与公共性［M］. 北京：生活·读书·新知三联书店，2005：364.

对象上，拥有多重的认同和忠诚并不是多么困难的事情。① 日益增长的多重国籍也表明，公民身份的跨国维度不仅仅是政策的一个对象目标，而且也越来越成为社会认同的一个来源和标记。由这种正在形成的（对多重国籍的）承认所造成的问题是，尽管它形成于作为主权行动者的国家所采纳的公民法规的相互作用，但它的影响却深入其他国家的国内管辖权，并使个体从属于两个或更多个国家。而对于那些一直视自己为同一种族或族群的民族国家来说，这一问题就变得更加复杂。

其次，由于全球化发展而激发起的少数族群争取自我认同的努力，成为瓦解现有民族国家的主要力量。全球化一方面蕴含着普遍主义的倾向，促使人们逐渐把世界视为一个整体；但另一方面，却又激发了不同民族国家要求维护自身民族文化的独特性，以及民族国家内部少数族群争取自我认同、尊重差异的努力，并且产生了诉诸认同与差异的族群政治。诸如苏联、南斯拉夫的解体，北爱尔兰及魁北克的分离运动，以及当前某些民族国家内部少数族群争取认同的斗争，都是具体的例子。这样，正如菲利克斯·格罗斯（Feliks Gross）所说，在全球化的今天，"两个表面上似乎同样的辩证过程正在塑造着欧洲和其他地区的国家的未来，这就是一体化进程和同时存在的，有时甚至是暴力性质的分化和分离的趋势"②。这两种同时存在的趋势势必对原有的民族国家范围内的公民认同产生巨大影响。

最后，经济全球化对居住在固定的民族国家领土范围内并效忠于国内政府的传统公民观和种族观提出了挑战。资本全球化的必然结果之一，就是劳动力市场的全球化。跨国公司的老板、高级经理人员、高级技术人员，甚至普通劳工，经常穿梭于设立在不同国家的跨国公司及其子公司之间。正如古典王朝时代的人们可能对家族的忠诚更甚于对王朝的忠诚一

---

① 拥有加纳籍父亲和英国籍母亲的美国学者夸梅·安东尼·阿皮亚写道，"跟随父亲以及我的英国母亲长大"，"我从未发现拥有多重忠诚有什么困难。我们的社群是阿善堤，是加纳，是非洲，也是英国，是基督教卫理公会，是第三世界"（见夸梅·安东尼·阿皮亚著，张容南译：《认同伦理学》，译林出版社2013年版，第270页）。对于许多第三世界国家的移民而言，也很可能存在着这种多重的认同，即在文化和习俗上认同祖国，但在政治、法律和经济生活环境上认同移居国。

② ［美］菲利克斯·格罗斯. 公民与国家——民族、部族和族属身份［M］. 王建娥，魏强，译. 北京：新华出版社，2003：3.

样，对于他们来说，或许效忠跨国公司往往甚于效忠国家或民族。①

面对上述由于全球化所引发的公民认同意识问题，现代民族国家如何应对，必然会反映到其公民的国家认同教育的对策上。

## 三、"世界公民"观念的重新兴起

全球化对传统的民族国家框架下的公民身份认同造成的另一个影响，是"世界公民"观念的重新兴起。世界公民观念最初出现在公元前4世纪的古希腊。犬儒派哲学家第欧根尼第一个称自己是一个世界公民，并以此来批判城邦，因为他相信，城邦不再拥有对个人之政治忠诚的第一要求权。

自第欧根尼之后，主张这种超越特定政治共同体范围的公民概念，代不乏人。如希腊化时期斯多葛派的克瑞希庇斯、帕那提乌斯，古罗马时代的西塞罗、塞内加与奥勒留，都是古典时期带来世界主义色彩的代表人物。这些思想家均鼓吹一种超越国家界限、诉诸自然法则与普遍人性的公民概念。近代以来则有康德、潘因、爱默生、梭罗、托尔斯泰等人主张世界公民的观念。

20世纪90年代以后，喷气式飞机、越洋电话、因特网、国际贸易等，日益真正地将人类连接为一个整体。在这样的背景下，世界公民概念重新兴起，以唤起和捍卫集体与个人对于世界整体的强烈责任感，并支持建立有效的全球性制度，以应对解决诸如全球贫困和不平等、环境衰退、对人权的侵害等世界性问题。这些共同问题仅靠民族国家的主权政府很难有效地解决，而需要跨国性的国际合作。这促使许多思想家提倡世界公民概念，质疑那种认为国家的第一要务——或许在许多情况下认为是唯一要务——就是促进它自己公民的福利的观念，并以此努力培育个人对其他社会、对这个作为整体的星球的高度责任感，以强化大家都归属于一个人类共同体的意识。世界公民概念意味着我们同时属于两个共同体，一个是界限分明的政治共同体，一个是更宽广的包括整个人类在内的道德共同体。

上述分析表明，与公民身份相联系的经验和实践在坐标定位上确实已

---

① 李惠斌. 全球化与公民社会[M]. 桂林：广西师范大学出版社，2003：83.

不同程度地逾越了民族国家的领土范围。无论是对于具有正式身份的组织、对权利和公民权实践的保护而言，还是对集体身份认同和集体团结的体验而言，民族国家都已不再是它们于其中实践或获得的唯一场所。当然，它依然是最重要的场所，但已不再是唯一的、排他性的场所；这种排他性上的变化，标志着一种重要的新动态。① 那么，面对这种全球化背景下的新动态，民族国家的公民认同教育应该如何应对？

## 四、全球化背景下公民国家认同教育的建构

全球化对传统的以现代民族国家为思考框架的公民观产生了巨大挑战，而这种挑战又必然反映到公民国家认同教育当中。因此，当前的公民国家认同教育，就不能仅仅停留在传统的个人—民族国家的关系中加以考量，而要把公民国家认同教育放在个人、国家以及人类整体的框架下加以分析。

### （一）公民国家认同感的教育

培养对国家的认同和忠诚通常是传统公民教育的主要宗旨之一。那么，在全球化对传统民族国家的主权运作产生着越来越大的影响，并改变着传统的民族国家公民身份和公民观之时，如何看待传统公民教育的这种要旨？

需要指出的是，全球化虽然在改变着国家行为和治理的状态，但并没有因此而终结国家。在可见的将来，民族国家及其主权政府还会长期在人类政治生活中扮演核心的角色。只要民族国家没有终结，那么它就会在其主导的教育中促进其公民对国家的认同感。而且，一个人对本土本国的认同，往往是其自身生命体验的主要来源，除非某些迫不得已的原因，否则一个人不会轻易改变作为自身生命体验主要来源的对本土本国的认同感。

传统公民教育对认同感的培养，建立在强调公民具有相同的血缘传统、文化与语言以及共享的政治制度基础之上。对于这些不同的认同来

---

① ［英］恩靳·伊辛，布雷恩·特纳. 公民权研究手册［M］. 王小章，译. 杭州：浙江人民出版社，2007：377.

源，不同国家在实施公民教育中各有建构；具体到不同的公民个体，也会基于不同的理由来建构自己的国家认同。例如，有的人基于共同的族裔传统纽带认同国家；有的人出于热爱本国的政治制度，认为本国的政治制度足以提供本人人生各种规划之保障而认同国家；还有的人可能出于热爱本国的历史文化而对国家产生认同感。

如何看待这些建构国家认同教育的不同来源？需要指出的是，一方面，现代世界几乎没有纯粹的单一种族国家，今天的大多数国家（包括我国在内）是多民族国家，伴随着全球化而兴起的少数族群争取自我认同、尊重文化差异的斗争，冲击着原有的以主流种族文化为核心的认同教育。过于强调主种族的族属和文化传统，很可能导致这样一个后果，即不仅不能培养公民对国家的普遍认同，相反，却可能唤醒少数族群明确的族群意识，激起少数族群的反感，甚至有可能导致族群分裂和对立。另外，在民主自由成为世界潮流的今天，越来越多的人意识到，在规划自身的生活目标、追求美好人生理想的过程中，是否享有平等的自由权利即使不是最为重要的因素，至少也是极为重要的因素。在这样的背景下，仅进行以共同传统、文化与语言为内容的教育，而缺乏平等保障公民自由权利的正义的政治制度，已不足以证明民族国家政权的合法性，也就难以赢得公民的普遍认同。

因此，在多民族国家里，为了把属于不同族群的公民紧密联系起来，就需要一种超越特殊的族属认同和宗教信仰的基本纽带。在公民国家中，这种纽带就是以尊重、保障每一个公民的公民权为基础的公民政治。公民国家承认多民族国家中的双重身份：族体身份和公民身份。族体身份取决于共同的语言、传统和文化，而公民身份则是对国家、对统一国土的认同。公民国家尊重不同民族自身的语言、文化与宗教信仰等权利，同时通过实行法治，保护每一个公民平等的政治权利、经济权利、社会权利以及其他权利，从而赢得公民的认同。

密尔（John S. Miu）认为，就一个国家政治制度的运作方式会对所属公民的精神产生巨大影响而言，政府或者一套政治制度不仅是管理社会公共事务的机构，而且也是国民教育机关。[①] 是否保障公民的各种自由权

---

① ［英］J.S.密尔.代议制政府［M］.汪瑄，译.北京：商务印书馆，1982：30.

利，是否保证公民能够按照法律所赋予的权利平等地参与政治与社会的治理，深刻地影响着公民对国家的认同和忠诚。"在专制国家最多只有一个爱国者，就是专制君主自己"，因为"使一个人不能为他的国家做任何事情，他也就不关心国家"①。而在公民国家里则不同。托克维尔（Alexis de Tocqueville）指出："使人人都参加政府的管理工作，则是我们可以使人人都能关心祖国命运的最强有力的手段，甚至可以说是唯一手段。在我们这个时代，我觉得公民精神是与政治权利的行使不可分的。"在一个公民国家里，"每个人为什么却像关心自己的事业那样关心本乡、本县和本州的事业呢？这是因为每个人都通过自己的活动积极参与了社会的管理"②。公民国家里的公民由于享有平等的自由权利，在参与国家的政治与社会治理中，每时每刻都感觉到国家的命运与自己的命运休戚相关，对国家的归属感每天都在通过履行一项义务或行使一次权利而实现。也就是说，公民国家的认同教育，首先是一个公民的政治共同体对其所属公民施行的公民认同教育，而不是首先建基于族裔血缘的认同教育，更不是属于专制政体的臣民认同教育。

在全球化的背景和由多族群组成的公民国家的框架下，要培养公民对国家的认同感，首要的因素是，根据政府或者一套政治制度不仅是管理社会公共事务的机构，同时也是国民教育机关的认识，建构起一个普遍平等地保障公民的各种自由权利的正义制度。在这样一个正义制度里，每一个公民都能够因为平等地参与国家和社会的管理而感受到自己和祖国休戚相关，每一个公民都能够因为自由、平等、安全地规划自身的生活目标，追求自身的人生理想而产生对国家的归属感。如果缺乏这一建立在自由法治基础上的正义的政治制度，在学校教育层面，也很难根据对于正义的政治制度和公民的自由权利的理解而衍生开发出得到人们认可的各种公民认同教育素材。

**（二）世界公民意识的培养**

在一个全球联系日益紧密，成为一个相互依存的命运共同体的时

---

① ［英］J. S. 密尔. 代议制政府［M］. 汪瑄，译. 北京：商务印书馆，1982：39.
② ［法］托克维尔. 论美国的民主（上卷）［M］. 董果良，译. 北京：商务印书馆，270.

代，一个现代公民，生来注定具有双重身份，即既属于某个民族、某个国家，同时又是人类共同体的一员。所以，现代公民承担着双重义务：一个是对自己的民族或国家的义务，一个是对人类共同体的义务。在这种情势下，公民国家认同教育便需要在对民族国家的忠诚和人类共同体的责任之间取得一种平衡，这种平衡需要培养一种世界公民的意识。

所谓培养世界公民意识，就是通过特定的世界公民教育，使公民了解世界上有不同的人种、文明与风俗习惯，不认为自己的文化必然优于其他文化，并在对其他国度、少数民族、社会边缘团体产生同情的理解的基础上，养成"吾等同为人类"的人类普遍精神与共通德性；认识到自己同时归属于两个共同体，一个是出生所在的共同体，一个是全体人类所构成的共同体。在全球化的今日，这两个共同体的命运息息相关，乐意积极思考全人类共同面对的贫富差距问题、族群冲突问题、性别歧视问题、宗教信仰和冲突问题、环境生态保护问题以及战争与和平问题等，从而克服一国公民身份有可能带来的狭隘排外的心态与行为。[①]

公民认同感教育如果仅仅关注于对自己国家权益的维护，而罔顾今日世界已成为"地球村"，各国利益紧密相连的事实，这种仅仅以种族血缘关系为核心的认同，由于所具有的排他性，常常易于走向狭隘的民族主义。因此，为了人类的共同繁荣，最终也为了自己民族国家的长远利益，固然要对本国公民进行本国的历史、文化、语言传统、本土价值的教育，以培养公民对国家的忠诚与认同感，同时也要注意培养公民具有世界公民意识，自觉地把本民族的繁荣发展与人类的生存发展紧密联系起来。

在全球化的时代，公民不应将视野仅局限于个人与国家的关系上，一个有能力的公民应具备参与全球社会的能力。公民必须跳脱传统的以国家为本位、强调个人与单一国家之对应关系的狭隘观点，而应以宏观的全球视野，善于处理本土价值与普世价值的关系，体认世界各国相互依存的关系，进而培养世界公民所需具备的各项能力，方能善尽世界公民的责任。

需要指出的是，培养世界公民意识，并不意味着强调同质的、统一的全球文化，排斥本土认同，而是在尊重本土文化的基础上，面对全球共同问题与人类共同命运而努力形成共同的普世价值。同时也要认识到，公民

---

① 江宜桦. 公民理念与公民的教育[J]. 通识教育，2005（1）.

的本土认同往往是一个公民生命体验的主要来源，是其生命元素不可或缺的部分，同时也是公民国家社会凝聚力的纽带。如果欠缺本土认同，则本国文化就没有"根"，整体社会就会欠缺凝聚力和共同价值，而对外的文化交流也将没有自身的定位。因此，培养世界公民意识，"并不要求一个公民放弃他的国家认同，而是要求他能够超越国家认同，就像他超越直接的特定族群或阶级的认同而建立国家认同一样，建立一种全球认同，不仅意识到自己是某个特定国家的公民，而且还要意识到自己同时也是这个全球化世界的公民"①，从而在国家公民与世界公民之间的关系上取得一种平衡。

---

① 任东来. 从负责任的公民到负责任的全球公民[J]. 美国研究，2003（3）.

# 培育公共空间意识：
# 公民道德教育的时代诉求

## ——从"华人与狗不得入内"说起

杭州师范大学教育科学研究院　严从根

一

1868 年，上海外滩公园（今黄浦公园）竣工并投入使用。它是西方人在上海建立的第一个公园。园内芳草如茵，环境优雅，景色宜人，非常适合人们休闲和游玩。不过，从其建成之日起，就限制中国人入内。20 世纪初，公园门口甚至悬挂了"华人与狗不得入内"[①] 的牌示，这带有明显的种族歧视。外滩公园虽然是西方人建立的，但是公园占用的土地是中国的，维修的费用来自于中国人和外国人共同缴纳的税款，因此华人完全有权进入该公园游玩，华人理应反抗这不合理的规定。恰如当时的李维清在其所编的《上海乡土志》中所说："东西各国之人皆可游玩，独禁华人入内，是彼之蔑视华人，且奴隶犬马之不若矣。喧宾夺主，实堪浩叹！可知当今之世，唯有强权足情而已。我侪宜若何努力，以洗刷奇耻耶！"[②] 同李维清一样，许多中国人都非常反感这样的牌示，并为维护中国人权益做了积极贡献。不过，我们也需要自省，西方人为什么只禁止华

---

① 熊月之先生通过考证发现，历史档案中至今没有查到外滩公园有"华人与狗不得入内"的规定，不过很多名家（诸如陈岱孙、周而复、曹聚仁、苏步青、桂祖良、宋振庭等）在他们的文章中都声称看到过"华人与狗不得入内"的规定。参见熊月之. 外争权益与内省公德——上海外滩公园歧视华人社会反应的历史解读[J]. 学术月刊，2007（10）.

② 李维清. 上海乡土志[M]. 上海：上海古籍出版社，1989：72.

人入内，而不禁止其他国家的人（包括印度等东方国家的人）进入公园呢？西方人之所以限制华人入内，并非完全没有缘由，其中一个很重要、很直接的理由是中国人普遍缺乏起码的公民道德水准。在公园内，中国人如入私人境地，大声喧哗，随地吐痰，任意攀折花草，乃至当道便溺。不仅在外滩公园，在其他公园，当时的中国人也是如此。正因为如此，很多公园初始并无限制华人入内的规定，后来，西方人实在不堪忍受才做了限制华人入内的限定。如，陈伯熙在1919年的《老上海》中写道："外白渡桥公园，在廿年前，中西人士，均可自由入内游玩，初无分畛域也。后西人以华人多不顾公德，恒有践踏花草之事，乃另建一公园于苏州河里白渡桥畔，专供驻足之所。"①

历经百年，中国人外争权益的意识和能力已经日益增强，但中国人的公民意识及公德意识仍然非常淡薄，在公共空间②，仍然肆意按照个人习惯行事，大声喧哗，乱扔垃圾，乱涂乱画……西方人虽然没有权力和权利在中国境内树立起"华人与狗不得入内"的牌示，但却在他们的有关景区树立了有关的牌示。法国在巴黎圣母院里专门用中文写了"请保持安静"，美国在珍珠港景区的垃圾桶上用中文写了"垃圾桶在此"，甚至连近邻泰国都在皇宫的洗手间里，特别用中文写了"请便后冲水"。

中国是文明古国，是礼仪之邦，中华文化一直以来都倡导有助于处理好群己关系的伦理精神，绝大多数中国老百姓也具有相应的道德意识和高贵品质，诸如仁爱忠信、礼义廉耻等，可是为什么中国人在公共空间的道德行为堪忧呢？中华文化倡导的和绝大多数中国人具有的品质都是熟人之间的品质（诸如父慈子孝等），许多中国人极少考虑自己的行为会对陌生人产生怎样的影响。传统儒家可能体会到这种亲情性道德的固有局限，"又提出'四海之内皆兄弟'的原则作为补充，力图实现由熟识者向陌生人的延伸"，不过，由于这种要求太高，一般人无法做到。因此，日常生活中的"深层伦理秩序并没有给陌生人留下多少道德空间"③。"他们对陌

---

① 陈伯熙. 老上海（第1册）[M]. 上海：泰东图书局，1919：152.

② "公共空间"对应的英语可为"public space"或者"public sphere"，一些学者称为"公共领域"。这里之所以用"公共空间"，是考虑到中国普通民众比较容易理解"公共空间"这个概念，对"公共领域"则不太容易理解。

③ 程立涛，乔荣生. 现代性与"陌生人伦理"[J]. 伦理学研究，2010（1）.

生人缺乏尊重，甚至对伤害他人感到漠然"①，为人处世强调生疏程度和感情深浅，在公共事务中强调论资排辈、任人唯亲等。"把这种普遍的心理和中国传统伦理体系相对照，我们不能不说，华人公德的低落与传统文化不强调普遍的人际关系有密切的因果关系。"②

强调普遍的人际关系，强调对陌生人的尊重是现代性社会的一个基本特性。尊重而有教养地对待陌生人是具有现代性精神的现代公民的一种基本品质，古人普遍不具有这样的品质。但是随着现代工业文明、市场经济的发展和人员流动加快，人与人之间的熟悉程度越来越差，陌生人日益涌入彼此的生活中，现代西方人日益意识到契约伦理对于陌生人社会成为良序社会的重要性：熟人社会的"圈子意识"和亲情性道德及其伦理规定显然不能应付陌生人社会人们交往的道德伦理诉求。在现代性社会，既然人人都是平等的公民，政府不再是统治者，而是人民的服务者，没有人（乃至国家首脑）拥有正当权利强迫他人行事，人们只能按照共同的约定行事。这种约定如下：私人空间是属于个人的私密空间，个体只要不直接侵害他人的利益，他者（包括最亲密的人和政府）都不得肆意侵犯；在公共空间，为了使交往顺利进行，避免冲突，所有个体都需要按照人们的共同约定（具体表现为各种公共规范）行事。

在西方，伴随着陌生人社会的形成，契约伦理几乎同步形成，契约伦理教育也颇具成效。然而，在中国，由于我们是后发现代化国家，在很长的一段时间之内，只强调国富民强的现代化追求，没有充分意识到构建契约伦理、实施契约伦理教育的重要性。我国市场经济虽然得到迅猛发展，陌生人社会亦已形成，但是契约伦理仍然很不完善，零星的契约伦理教育也没有深入人心，多数人仍然按照中国既有的亲情伦理行事。在公共空间，西方人之所以能够严格按照各种现代公民道德要求行事，最重要的原因无非是他们认识到这些道德要求是他们默认或达成的契约，他们按照契约行事，实则是在按照自己的意志行事，是在履行自己作为公共空间主人的义务。但是中国的传统文化和亲情伦理并不具有十足的契约伦理精神，深受中国传统文化熏陶的一部分国人自然也并不具有公共空间意识及

---

① 陈弱水. 公共意识与中国文化[M]. 台北：联经出版事业股份有限公司，2005：30-31.
② 陈弱水. 公共意识与中国文化[M]. 台北：联经出版事业股份有限公司，2005：30-31.

契约意识。在商场、车站、医院、图书馆等公共空间，我们到处可见儿童或少年大声喧哗、随地吐痰、追逐打闹等不文明现象。"为什么这些小孩子不觉得自己的行为可能对他人造成干扰？为什么与他们同行的父母、长辈对此常不以为然？……他们很自在地在做出破坏公共秩序的事情，基本原因在于他们并不觉得自己的行为有任何异常之处，他们只是延续在其他场合——如家中、学校或游戏场——的行为而已。这个现象的形成，显然与社会中公共领域的观念淡薄有关，儿童在成长过程中很少接收到行为与场合有关系的讯息。"① 即便改革开放以后，我们不仅引进了国外的技术，而且也引进了一些现代性的契约伦理及其制度要求，诸如在公共空间要排队，不随地吐痰等，但是这部分人并没有意识到公共空间是属于所有相关者的空间，每个人都是公共空间的主人，更没有意识到公共空间的规范实则是所有人默认或达成的契约共识，他们往往不是把公共空间当作"无主空间"，就是把公共空间"私人化"，他们错误地以为这些要求只是一种外在的强制的伦理要求，他们没有十足动力按照这些要求去行事，他们更没有意识到个体有必要行使自己的主人权利，去维护和完善公共空间的规范及其精神。如此看来，实施公共空间意识教育，帮助这部分人意识到公共空间是所有人的空间，在公共空间之内不可按照私人空间形成的个人偏好行事，必须按照众人认可或制定的契约行事就显得非常必要。

## 二

培育个体的公共空间意识无疑是非常必要的。但是我们不能把公共空间仅仅理解为物理意义上的空间，以为公共空间就只是公园、电影院、车厢等，这些公共空间只是消极意义上的公共空间。其实公民大会、报纸、沙龙、网络论坛等也是公共空间，它们是更为重要的公共空间，是积极意义上的公共空间。

公共空间是相对于"私人空间"而言的，它不是某个人的空间，也不是人与人之间亲密交往形成的空间，而是"公众的空间"，"是一个敞开的场所，人人都可以走得进去，人人可以看见他人，他人也可以看见自

① 陈弱水. 公共意识与中国文化[M]. 台北：联经出版事业股份有限公司，2005：34.

己。而且这种所见所闻，是与他人一道分享完成的。你能够见到的，我也能够见到，对你是熟悉的，对我也不陌生"①。公共空间有消极和积极之分。消极意义上的公共空间是一种物理意义上的空间，比如公园、公共图书馆等。在这个空间中，个人只要按照常理、习俗和一般规矩行事即可。积极意义上的公共空间（例如社区大会、报纸、网络等）是一种公共论坛，在这个空间中，原则上每个人都可以发表自己的意见，对公共事务进行论辩。当然这种区分只具有相对意义。例如，学校图书馆主要是专门收集、整理、保存、传播文献的机构，是供学校师生学习和研究的场所，它并不是每个人都可以随便进入的，因此，它不是一种公共论坛的场域，至多只是一种消极意义上的公共空间。但是，有时候我们完全可以把学校图书馆变为公共论坛，作为论辩公共事务的场所，这样，它就变为积极意义上的公共空间了。②

培育个体具有积极意义上的公共空间意识对于提升个体的公民品质具有重要作用。私人空间是维系个人生存，满足个人基本需求，处理个人偏好的领域，是个人对自我进行关怀和照看的领域。私人空间的存在是个体维系生存的必然要求，是保护个人消极自由的领域保障。不过，"私人性的特点之一是，人不是作为一个真正的人，而是作为动物种类的一个标本（即作为种的人类）而存在于这个领域中。这正是古人对私人性表示极大蔑视的终极原因"③。公共空间，特别是积极意义上的公共空间则是个人实现积极自由的领域，是个人维护公共利益和福祉而采取公共行动的领域，是个人卓越德性得以成长和表现的领域。只有在积极意义上的公共空间里，人才有可能摆脱动物需求或一己之需求的钳制，而成为有理想、有抱负的公民。换言之，是积极意义上的公共空间的生活而非私人空间的生活才使人区别于动物，成为真正意义上的人。因此，为了使个体具有卓越的品质，成为优秀公民，促使个体形成积极意义上的公共空间意识，避免把报纸、网络论坛等变成个人宣泄的场所就是公民道德教育义不容辞的

---

① 崔卫平. 敞开与隐蔽[N]. 经济观察报，2012-04-09.

② 李丁赞. 市民社会与公共领域[M]//许纪霖. 公共空间中的知识分子. 南京：江苏人民出版社，2007：71.

③ ［美］汉娜·阿伦特. 公共领域和私人领域[M]//刘峰，译. 汪晖，陈燕谷. 文化与公共性. 北京：生活·读书·新知三联书店，1998：57-107.

责任。

积极意义上的公共空间是一种公共论坛，它还直接影响公众舆论的形成。公众舆论不同于大众舆论。公众是具有积极的公共空间意识的一群"公民"，他们喜好和敢于在各种沙龙、报纸、网络论坛上发表公共言论。大众则是始终保持沉默的一群"私民"，他们很少考虑公共利益和公共福祉，考虑和求索个人利益是他们的头等大事。相应地，公众舆论是具有积极的公共空间意识的公民在公共空间通过协商论辩形成的，大众舆论则是并不具有积极的公共空间意识的私民在私人空间求索个人利益的基础之上逐渐形成的。"公众舆论的重要性不言而喻。正因为公众舆论是有是非的，才可保证社会不至于堕落入无是非的深渊，才能为正义而正派的社会建构奠定一个价值基础。如果公众被遮蔽，大众显山露水，公众舆论就会消散为一种大众社会心理。在很多人的理解里，公众舆论就是大众的态度，就是众多个人意见的总和或交叉重合。这种意义上的所谓公众舆论是没有是非的，有时候违背和牺牲的正是社会正义。鲍曼在《寻找政治》一书中所分析的一个事例恰好可以说明公众舆论沦落为无是非的大众舆论之可怕：恋童癖者库克刑满释放回到尤维镇，而那里的居民得到消息之后长时间包围了警察局大楼，要求将库克重新抓回监狱，理由是他对每个家庭都是一个潜在的威胁。在这种基于私人安全考虑的大众心态之下，人权、法律正义等价值都不值一提，都得为共同的私人利益让步。因此，可以说公众及公众舆论的存在，才使社会有价值方向，不至于偏离正义、正派的航向而走向无方向、无是非的迷惘。"① 可见，培育个体具有积极的公共空间意识是非常重要的，它对于消解"大众舆论"，形成"公众舆论"，进而对整个社会文明的形成和发展起着举足轻重的作用。

三

国家和社会在实施公共空间意识教育方面都具有不可推卸的责任。囿于篇幅，笔者只能在此谈谈学校在实施公共空间意识教育方面应做出何种努力。

---

① 高德胜. 公众及其培育[J]. 华中师范大学学报：人文社会科学版，2011（1）.

就学校教育而言，如要有效地实施公共空间意识教育，自然要进行专门的知识教学，帮助学生明晰何谓公共空间、公共空间和私人空间之间到底有何区别、公共空间的基本规范等。但是，我们认为在生活中实施公共空间意识教育更为重要，因为，生活是最好的教育。① 只有在公共生活中，公共空间的权利及其责任的关系才会自动向个体显现；也只有在公共生活中，学生才能自然而然地形成公共空间意识，锻炼其能力，形成其品质。因此，公共空间意识教育有必要基于公共生活、通过公共生活而进行。为此，学校至少要做到如下准备。

首先，为学生创设一些必要的私人空间，同时确保这种空间不受侵犯。之所以如此，是因为，"第一，确保私人空间免受任何不正当侵犯，促使个体具有主体独立意识是个体公共空间意识得以形成的前提和基础。一个社会里，如果个体普遍不具有主体独立意识，那么这意味着个体不是作为独立的个人存在的，而是国家、部落、宗教或家族的附属物。如此，所有空间都将沦为国家、部落、宗教或家族的附属物，将不可能存在专属于公众的公共空间。只有当一个社会里的个体普遍具有主体独立意识，可以作为个人独立存在并促使个体交往时，属于每个人但不属于某个人的公共空间才有可能产生，个体的公共空间意识才有可能产生。私人空间是涵养个体独特性和独立性的基本领域。为了培育个体的主体独立意识，我们需要重视个体的私人空间，必须保证它免受任何不正当的干涉和侵犯。第二，满足个体在私人空间里产生的需求是个体积极参与公共空间的动力。私人空间是处理个人偏好、满足个人基本需求的领域。公共空间是属于大家的空间，是满足所有相关人诉求的领域，是事关公共利益及其福祉实现的领域。马斯洛的需要层次理论告诉我们，只有当个体的基本需求得到满足，个体才会积极关注公共空间及其相关的公共利益和公共福祉。因此，为了成功实施公共空间意识教育，有必要先明确界分公私空间，确保学生私人空间免受不正当侵犯"②。

其次，确保学校公共空间的开放性。公共空间不是个人的私密空

---

① 华中师范学院教育科学研究所. 陶行知全集（第 2 卷）[M]. 长沙：湖南教育出版社，1984：1.

② 严从根. 培育公共空间意识：公民教育的必要基点[J]. 教育观察，2012（2）.

间，而是一个开放性的场所。① 只有当所有相关人员都可以走进，能够相互敞现，这个领域才可称为公共空间。开放性是公共空间最基本的特征。因此，为了建构一个培育个体公共空间意识的良好场域，学校必须成为公共空间，必须具有开放性。通过开放性的多元参与，学生不仅能够明晰公共空间内个体的权利和责任，而且还能锻炼其能力，开阔其思想，高尚其情感，提高其灵魂，最终成为名副其实的具有公共空间意识的公民。②

为了确保学生能够真正参与到公共空间生活中，我们不仅要在形式上确保学校的每个公共空间都要对每个学生开放——每个学生都可以进入这个领域，而且还要从实质上确保对每个学生开放——学生应成为公共空间规则制定的主体、公共议题选择的主体等，每个学生的建议都必须得到尊重。为此，学校行政管理人员、教师都不可先入为主，存有偏见，不仅要聆听每一位学生的建议，而且还要随时准备修改或调整自己的看法和认识。只有如此，学生才能充分意识到公共空间是属于大家的空间，不是属于某个权威人士的空间，才能明晰在公共空间，个人不可只按照自己的偏好行事，还要按照大家理性上同意的共识行事。

需要注意的是，确保学校公共空间向每个人开放，并不意味着每个人的发言内容或发言价值都是一样的。实际上，"每个人的发言内容或发言价值都是不一样的，但对发言价值的评估，不应该以发言人的社会地位为标准，而完全要以内容的好坏为依归"③。换言之，我们既不能依据权力，又不能依据市场，而应依据理性的说服力。只有如此，才能进一步帮助学生意识到公共空间是真正属于大家的公共空间，才能充分意识到自己的权利和责任之所在。

最后，要重视社区服务。社区服务是一种理论与实践相结合的实践活动，也是使个体成为具有公共空间意识的公民道德教育活动。在社区服务中，学生不仅可以为社区建设做出必要的贡献，锻炼自己的德性，还可以走进现实，全面了解和体验公共空间的重要性，充分感受个人在不同公共

① 崔卫平. 敞开与隐蔽[N]. 经济观察报，2012-04-09.
② [美] 本杰明·巴伯. 强势民主[M]. 彭斌，吴润洲，译. 长春：吉林人民出版社，2006：273.
③ 李丁赞. 市民社会与公共领域[M]//许纪霖. 公共空间中的知识分子. 南京：江苏人民出版社，2007：72.

空间应享有的权利和肩负的责任。缺少社区服务活动，学生很可能只懂得一些苍白的关于公共空间的知识，产生模糊的公共空间意识，而无法真正成为公共空间的主人。正因为社区服务的重要性，很多西方国家都非常重视开展社区服务学习。我国的一些学校也认识到了社区服务学习的重要性，但是在实施过程中出现了很多问题，主要是计划性和连贯性不强，低水平重复，而且形式单一，主要停留在维持公共秩序、扶弱、助残等项目上，并没有结合社区发展所出现的新的公共问题进行分析，不能有针对性地开展服务学习。为了解决这些问题，学校有必要成立专门的社区服务学习指导中心，在决策上予以支持，在课程中予以保障，有目的、有计划地与社区进行联系，开展系列活动。

# 作为"转化性知识分子":
# 教师在公民教育中的角色担当①

南京师范大学道德教育研究所　叶　飞

学校不仅是一个传递知识的场所,而且更是一个培养公民品格的公共生活空间。教师作为学校公共空间中的重要成员,其职业角色认同无疑会极大地影响学生的公民学习和品格建构。在传统的教育模式下,教师往往被视为课程知识及其价值体系的非反思性的授受者、知识的灌输者,"一个仅仅从事非创造性劳动的雇工、一个只是灌输既定意识形态的传声筒、一个贬损自身魂灵的精神附庸"②。当教师以这样的职业角色投入教育工作的时候,他只能成为一个缺乏主体意识和批判精神的"技术工匠",失去作为知识分子所应当具有的批判性、反思性与创造性。在这种教育模式下,学生也只能成为缺乏主体性与批判性的"知识人",而不可能成为具有批判意识与创造意识的公民。显然,只有当教师成为真正意义上的知识分子和公民,他才有可能在公民教育中发挥积极的影响,才有可能促进学校公共生活的建构,提升学生的公民品质。

## 一、教师作为"转化性知识分子"

关于"教师是不是知识分子"以及"教师是什么样的知识分子"等命题,在目前的学术界还存在一些争议。按照《辞海》和《社会学百科

① 教育部人文社会科学研究青年基金项目"'治理'视域下的公民教育建构研究"(项目批准号:13YJC880097)成果。
② 吴康宁. 教师:一种悖论性的社会角色[J]. 教育研究与实验, 2003 (4).

词典》的解释，知识分子是具有一定的文化科学知识的脑力劳动者。按照这个定义，教师无疑是知识分子。但是，如果从"知识分子"这一概念更为深刻的内涵出发，我们发现情况并不一定如此。刘易斯·科塞（Lewis Coser）曾指出，知识分子应是具有强烈的公共关怀意识和公共责任意识的知识人，他们的特征不仅在于"有知识"，而且在于他们以自身的理念、信仰来达成公共关怀，因而"知识分子是为理念而生的人，而不是靠理念吃饭的人"①。也就是说，知识分子的根本属性并不在于他们掌握了文化科学知识，而在于他们具有强烈的公共关怀、公共良知和公共批判意识。余英时也支持了刘易斯·科塞的观点。他认为，知识分子虽然是以某种知识技能为专业的人，但是，"他除了献身于专业工作以外，同时还必须深切地关怀着国家、社会以至世界上一切有关公共利害之事，而且这种关怀又必须是超越个人私利的"②。因此，具备专业知识或科学知识仅仅是成为知识分子的"必要条件"，而具有公共关怀和公共德性才是成为知识分子的"充分条件"。此二者的有机叠加，才构成了知识分子的"充要条件"。

那么，教师是否能成为如刘易斯·科塞以及余英时所定义的知识分子呢？显然，在教育学领域中，关于这个问题有不少争议。只不过，近几年来随着公民社会的兴起以及教师批判意识的发展，人们对于教师的知识分子角色逐渐产生了认同。以保罗·弗莱雷（Paulo Freire）和亨利·吉鲁（Henry A. Giroux）为代表的批判教育学者支持了教师的知识分子角色。他们认为，教师不仅是社会的代表者、主流价值观念的传递者，而且同时还是具有社会关怀意识和批判意识的知识分子。保罗·弗莱雷把教师定义为"文化工作者"，因为教师必须对异化的、压迫的、不平等的文化生活展开反思与批判，并且"对被异化了的文化的认识，产生改造行动，导致一种从异化中解脱出来的文化"③。因此，教师的工作不仅仅是传播既定的文化，而且要引导学生反抗文化与价值观的压迫，从而使教育成为一项

---

① ［美］刘易斯·科塞. 理念人：一项社会学的考察［M］. 郭方，等，译. 北京：中央编译出版社，2004：2-3.

② 余英时. 士与中国文化［M］. 上海：上海人民出版社，2003：2.

③ ［巴西］保罗·弗莱雷. 被压迫者教育学［M］. 顾建新，等，译. 上海：华东师范大学出版社，2001：113-114.

引领解放、走向自由的事业。

亨利·吉鲁则提出了一个更富有创造性的概念来概括教师的知识分子属性，他把教师定义为"转化性知识分子"（transformative intellectuals）。在亨利·吉鲁的描述中，教师作为转化性知识分子，其含义大致包括以下两个方面：一方面，教师不能把自己矮化为教学流水线上的"技术工匠"，而是要把教学工作"转化"为具有批判性与创造性的工作；另一方面，教师不应只关心学生的知识学习和职业训练，而必须展开批判性的公民教育活动，引导学生公民批判意识的成长，从而使学生从"知识人"转化为"批判的公民"，并且"使他们能够批判性地观察社会，在必要的时候改变社会"①。也就是说，教师作为转化性的知识分子，必须以自身公民批判意识和公共关怀意识来推动学生成为学校以及社会公共生活的批判者，并以自身的公民行动来寻求学校以及社会公共生活的理性建构。显然，亨利·吉鲁的观点为我们提供了重新理解教师角色的理论视角。作为转化性知识分子的教师，他的职业角色已经远远超越了知识授受者，成为一个具有批判性、反思性与创造性的公民。而这对于公民教育工作的开展是至关重要的。因为，只有当教师成为公民，他才有可能通过自身的公民实践和公民榜样来影响学生公民成长。这可以推动学校成为一个充满公共性、民主性与批判性的公共生活空间，而不是一个僵化的知识工厂。

亨利·吉鲁的观点在现实的社会背景和教育背景下虽然显得有些理想化，但是其所提出的教师要通过知识分子角色的批判性、反思性与创造性来重新塑造学校公共生活，培育学生的公民品质，确实具有很强的现实针对性。尤其是对于当下中国教育而言，随着整个社会的公共性与民主性变革的深入发展，随着公民教育进程的不断推进，学生公民品质的培育已经变得越来越重要。而要培养学生良好的公民品质，则必定要依赖于教师的公民榜样和知识分子角色的发挥。因此，亨利·吉鲁的观点给予我们重要的启示，即教师作为"转化性知识分子"不仅有利于学校教育以及公民教育的开展，而且也可以促进教师自身的观念意识和职业认同的彻底革新。

首先，教师工作不再是一种技术性或工具性的工作，而是一种反思性

---

① ［美］亨利·吉鲁. 教师作为知识分子——迈向批判教育学［M］. 朱红文，译. 北京：教育科学出版社，2008：6.

的智识工作（intellectual labor）。技术性或工具性的职业角色往往把教师视为课程知识的传递工具，认为教师的主要任务就是把既定的知识及价值观传递给学生。但是，一旦教师成为转化性知识分子，那么他的工作显然不仅是传递课程知识，而且更为重要的是，他还要对课程知识展开反思与批判，以"这是谁的知识""为什么是这些知识""这些知识是否合理"等方式来对课程知识加以追问。当教师对既定的知识展开追问和反思的时候，他们就不再只是课程知识的纯粹的传递工具，而是成了课程知识的反思者和创造者。在此基础上，教师能够更好地建构批判性的课程，实现课程知识更真实、更具体、更有创造力的传递。也就是说，作为转化性知识分子的教师，他们事实上肩负着比单纯地传授既定的、法定的知识更为重要的教育使命，即反思、批判和创造知识，思考知识背后的含义，从而完成知识的反思性的传递。教师不是把自己的工作看作技术性的、机械性的工作，而是看作一种反思性、批判性的"智识工作"，教师要通过自身充满智慧的教学活动来启迪学生的批判思维和创造思维，引导学生对既定的知识进行理性的思考，使学生摆脱旧有的知识窠臼，获得新的知识体验，从而增进公民的智识和理解。

其次，作为转化性知识分子，教师与既定的教育模式、课程体系、价值观念系统保持合理的距离，但是也并非有意地制造冲突和对立的关系，而主要是形成一种合作与反思的互动关系。在传统教育模式下，教师往往受到既定的教育模式及价值体系的严格控制，教师作为国家、社会的代言人，承担着传递主流价值观的任务。甚至在更为极端的情况下，教师职业本身就是国家意识形态和主流价值观念的一个环节，失去了自身的独立性、自主性和专业性。在这种情况下，教师往往被训练成为如亨利·吉鲁所谓的"理念和政治的文盲"（conceptual and political illiteracy），服从于既定的课程知识结构和既定价值体系的束缚，教育活动也就被简化成为教学方法的实施活动。① 显然，这种教师角色在当前的社会背景下已经越来越不能适应教育变革的需要。教师如果仅仅受限于既定的知识框架及价值体系，仅仅成为既有的教育模式的附庸，不但不能推动当代中国的教育

---

① ［美］亨利·吉鲁. 教师作为知识分子——迈向批判教育学［M］. 朱红文，译. 北京：教育科学出版社，2008：19.

改革，反而会阻碍教育改革的实现。近十年的基础教育改革中，我们看到教师受到传统职业角色的束缚过于沉重，使得他们失去了理解改革、参与改革以及推动改革的创造性和批判性。教师成为转化性知识分子，显然不再是让他们成为既定的教育模式和课程体系的附庸，成为教育改革的绊脚石，而是促使教师在知识分子的公共使命与国家意识形态的使命之间保持合理的距离，反思既定的知识框架和价值体系，成为一名具有独立性、反思性与批判性的教师，实现教师作为知识分子的教育使命和公共责任。

最后，教师作为转化性知识分子，不仅要展开理念的批判，同时还要将"批判的理念"转化为"批判的行动"，以实践行动来促进学校公共生活的建构。因此，教师应该跨越自身相对狭窄的学科领域和专业界限，超越学科、专业而获得一种公共性的批判意识。因为"一旦知识分子退缩进狭窄的专业领域，成为冷漠、狭隘、唯专业建制是从的套中人，则思想便失去了进化的力量，社会的良知也将无人看护"①。狭隘的知识人角色无助于文化知识的创造和公共社会的进步，它只会使教师远离知识分子的批判性与公共性。作为转化性知识分子的教师，显然不能丧失知识分子的批判意识、公共意识和行动意识，所以他必须跳出学科专业领域的界限而采取批判性的态度来审视社会公共问题，形成社会公共关怀意识。更为重要的是，教师还应在公共批判和公共关怀意识的基础上，参与学校以及社会的公民行动，承担起改造学校生活以及社会生活的责任。教师作为转化性知识分子，必须把理念批判与公民行动有效地结合起来，让自己成为一个既有理念又有行动的公民。同时，当教师真正以转化性知识分子的角色来参与公民行动时，他的这种行动也将深深地感染学生，引导学生积极参与学校公共生活以及社会公共生活的改造，从而成为一名批判性与创造性的公民行动者。

## 二、教师作为转化性知识分子在公民教育中的角色担当

如前所述，教师作为转化性知识分子，有必要与既定的教育模式和价值体系保持合理的距离，在合作性与批判性之间寻求内在的平衡，保持作

---

① 车丽娜，徐继存. 寻找失落的知识分子精神[J]. 教师教育研究，2007（2）.

为知识分子的独立性、批判性与创造性。而通过这种知识分子角色的发挥，教师能够在现实的教育背景下反思既定的教育体系和课程模式，同时思考如何构建更为合理的教育体系，并且付诸公民行动。教师通过自身的公民行动可以潜移默化地促进学生的公民主体意识与批判意识的发展，从而发挥积极的公民教育影响，引导学生公民品质的建构。因此，作为转化性知识分子的教师，他已经不再是单纯的知识授受者，而是成为学校以及社会公共生活空间中的公民，承担着公民教育者的角色，为公民教育提供有效的支持。教师的公民教育角色体现在以下四个方面。

首先，教师通过对技术性、机械性的教育工作的反思，可以成为公民品质的促进者，引导学生的公民品格与批判精神的发展。教师通过反思教师职业的贬值与教师技能的退化现象，在一定意义上重新确认了自身的知识分子属性，从而更加重视学生的公民品质教育。教师职业的贬值主要是指教师在很大程度上成为学校系统中的技术人员，成为学校管理和课程计划的被动执行者，而失去了主动参与、积极批判的公民角色。当教师意识不到自身的公民角色，他当然也就很难在公民教育中发挥作用。教师技能的退化主要体现为教师的教育技能仅仅停留于知识传递的层面，而反思知识、批判知识等方面的技能与精神则面临着严重的退化。因此，作为转化性知识分子，教师可以对自身的职业贬值和技能退化展开深刻的反思，避免成为谋取生活的教书匠，成为既定知识系统的灌输者，而应"拒绝把自身的价值仅仅定位于知识的传输系统上，教学也不仅仅是谋生的手段，其中体现着自身那些无可替代的价值体验与专业旨趣"[①]。作为转化性知识分子的教师，可以更加深入地理解自身的教师角色，即教师不是技术工匠，而是反思性的文化工作者，是学生的公民精神和公共关怀意识的培育者。通过对自身的技术理性和工具理性的反思，教师可以重新思考自身作为知识分子和公民的角色使命，更好地实现培养公民品质的公民教育目标。而学生在这种批判性的教育活动中也将更好地成为反思性与批判性的公民。

其次，教师通过重新思考知识与权力的关系，可以发掘出学校生活、课堂生活中潜藏的权力关系，从而成为知识与权力关系的揭示者与改造

---

① 车丽娜. "教书匠"的式微与教师文化的重建[J]. 当代教育科学，2007（1）.

者。显然，那种认为教师职业是一种与权力关系没有任何交集的职业的观点是过于幼稚的。作为转化性知识分子，教师不仅传递知识，同时还必须对知识背后的权力关系展开分析和批判。正如迈克尔·阿普尔（Michael W. Apple）所言，教育和权力是不可分割的两个概念，学校课程传授的并非中性的知识，而是被权力关系所改造的知识。① 教师作为转化性知识分子，不能回避或者忽略这种课程知识与权力的隐性关系，而是应当正视这种关系。当知识与权力的关系威胁课程知识的真实性、公正性的时候，教师应当挺身而出加以矫正，并且引导学生认识到这种错误的知识与权力关系的危害性。教师有责任在课堂生活中挖掘知识与权力不合法、不合理的关系，把这种关系在学生的面前曝光，推动他们去反思、去发现、去改造，直到这种关系不再成为课堂生活的障碍。教师也许无法成为整个社会的正义秩序的建构者，但是他可以在课堂生活中运用自身独特的知识分子意识，来防止知识与权力关系在学校生活以及课堂生活中的负面影响，从而建构更加具有民主性、公共性的学校公共生活氛围，促进学校生活和课堂生活的民主，最终有效地实现学生的公民品质和公共精神的发展。

再次，教师通过在批判基础上的教育建构活动，可以让自己成为学校生活的批判者和建构者。作为转化性知识分子，教师的工作不仅是批判，而且同时也是建构。教师需要将批判性的话语与建构性的话语统一起来，让两种话语方式都发挥作用。批判性的话语可以推动对既定的社会关系和课程体系的解构，而建构性的话语则可以引导合理的社会关系和课程体系的建构。作为转化性知识分子，教师的批判性话语可以激发学生的公民批判意识，能够引导学生参与对社会生活、学校生活以及课程知识的反思。这种批判活动可以为学生的公民成长提供宝贵的经验，促进学生公民批判精神的发展。但是，批判性的话语及其教育活动并不是教师工作的全部。在批判的话语之外，教师还必须寻求一种建构的话语，即引导学校生活、课堂生活的可能的建构。"转化性知识分子需要发展出一套话语，把批判性的语言与可能性的语言统一起来，这样，社会教育者就会认识到他

---

① ［美］迈克尔·阿普尔. 官方知识：保守时代的民主教育［M］. 曲囡囡，刘明堂，等，译. 上海：华东师范大学出版社，2004：48.

们可以做出改变。"① 如果教师的工作仅仅止于批判，那么就很难将学校生活中的批判活动与建设活动联系在一起。而对于学生而言，他们同样不希望看到批判活动"到此为止"，而没有最终促进学校生活的建设和改善。只有当教师与学生一起对学校制度、规范、纪律等展开批判活动并且提供建设性方案的时候，学生才能受到更为积极、更为完整的教育。也正因为如此，教师有必要为学生创造更多的条件，在批判性的话语中结合建构性的话语，让学生感受到改造现实生活的可能性。教师要正确地运用批判性与建构性话语，从而使学生能够把生活看作一个整体，并且把批判与建构统一起来，促进社会生活与学校生活的变革。

最后，教师通过学校公共生活的建构来传递公民价值理念，可以让自己成为公民"隐性课程"的创建者与实施者。教师在公民教育中将注意到，学校生活本身蕴含着一种"隐性课程"机制，它向学生源源不断地传递着公民的基本价值观念。正如波兰尼（M. Polanyi）所指出的，教育活动在传递显性知识之外，还传递着"隐性的知识"（implicit knowledge），也可称为"缄默的知识"（tacit knowledge）②。隐性课程或缄默知识是那些不为人知或者很难被人的理性所认知的知识，但这种知识所发挥出来的能量并不比显性知识弱，甚至很多时候比显性知识的影响更为深远。公民教育无法离开隐性课程和隐性知识的支持，学生公民品质的发展有赖于学校生活以及课堂生活中的各种体验、活动和感知。因此，"如果教师想实施一种更全面的公民教育，他们不但必须理解隐性课程和正式课程的联系，而且必须理解课程与建构社会中的类似的知识模式和社会关系的原则之间的复杂关系"③。这些复杂的关系和隐含的价值观念往往是潜藏于显性课程之外的，它通过缄默的、隐性的方式传递给学生，发挥着潜移默化的公民教育影响。因此，作为转化性知识分子的教师，必须理解和发掘隐含在显性课程之下的价值观念（比如，课程知识背后隐藏的价值元素、课堂生活中的话语分布、教师在课堂上的行为举止及其可能向学生传递的价值观

---

① ［美］亨利·吉鲁. 教师作为知识分子——迈向批判教育学[M]. 朱红文译. 北京：教育科学出版社，2008：154.

② M. Polanyi. *The Tacit Dimension*[M]. London and Henley：Routledge & Kegan Paul，1966：14.

③ H. Giroux. *Theory and Resistance in Education：Towards a Pedagogy for the Opposition*[M]. Bergin & Garvey，2001：199.

念），对这些价值观念进行理性的反思，从而保障学校生活的隐性价值观念符合公民教育的需要。在课堂之外的日常生活中，教师的言行、习惯以及生活方式也将对学生起到隐性的公民教育作用，因为学生的公民成长伴随着对教师言行的模仿。所以，教师必须审慎地对待自己的言行，避免对学生的公民发展造成不良影响。总之，作为转化性知识分子的教师，不能仅仅把自己定位为显性课程和知识体系的传授者，同时更要认识到自己还是一名隐性课程及缄默知识的传递者，公民价值观将通过学校生活以及教师言行而隐性地触动学生的公民体验，发挥着促进或者阻碍学生公民发展的效果。

## 三、教师通过"转化性"构筑学校的公共生活空间

教师作为转化性知识分子，承担着批判性地重建学校公共生活的使命。教师不单纯是社会代表者或者体制代言人，教师与既定的教育体制的关系是一种既批判又合作的关系。教师应当在合理的限度内承担知识分子的公共职责与使命，对社会生活、学校生活以及课堂生活展开批判性和建构性的工作。在批判与建构中，教师可以实现自身作为公民品质的促进者、知识与权力关系的发掘者、隐性课程与缄默知识的传递者等公民教育角色，发展学校的公共生活空间，提升学校公民教育的效果。因此，教师有必要发展自身的"转化性"意识，以此来更好地构筑学校的公共生活空间，推动学生公民品质的发展。

首先，教师要超越个体生活，引导学生走向公共生活。作为转化性知识分子的教师，不是作为一个孤独的个体而存在的，而是作为公共生活中的一名公民而存在的。教师不仅自身是公共生活中的公民成员，而且同时也要引导学生成为公共生活的公民成员。如果教师不能超越狭隘的个体生活，不能保持对公共生活的兴趣、热爱和参与，那么他也很难引导学生这样去做。因此，教师必须致力于超越个体生活和专业生活，避免退回到专业和学科领域之内，"以学科专家为追求的理想，谋求自己在本学科教学技术上的成熟与优化，放弃公共身份，把自己等同于其他专业技术人

员"①。教师在狭隘的个体生活和专业生活中，只能走向学科专业化和技术化，这使得教师职业愈加脱离其公共使命。教师要想促进学校生活空间的公共性建构，就必须从这种个体生活和专业生活中摆脱出来，真正以公民的眼光来看学校以及社会生活，积极投身于学校与社会的公共事业。只有当教师从这种生活状态中解放出来，他也才能引领学生去关心社会问题，关怀社会弱势群体，追求社会正义，成为一名合格的社会公民。如此，公民教育就不仅仅是一种知识学习，更是一种与公共生活紧密连接的公民实践。教师也不再仅仅是既定的课程知识的执行者和传递者，而成了课程知识之外的更具普遍意义的社会公共生活的引导者和参与者。通过教师作为转化性知识分子的反思性、批判性、创造性与行动性，学生也将获得走出课堂、走向公共生活的公民勇气和公民主体性。在教师与学生共同的公民实践中，学校不再是公民教育的唯一场所，因为公民教育已经融入了更为广阔的社会公共生活，成为学生的一种生活方式。

其次，教师要培养学校生活中的公民伙伴关系，形成教师与学生的公民学习共同体。当前，学校生活空间潜藏着一种割裂学生公民伙伴关系的强烈倾向，因为学校成了各种恶性竞争以及成绩排名的场所，不仅是学生之间存在着激烈的竞争，教师与教师之间、学校与学校之间也围绕着考试、升学存在着激烈的竞争。这种过度竞争瓦解了公民之间的伙伴关系，使得相互争斗成为常态，而学校教育也失去了培养学生的公民合作精神的生活基础。正如佐藤学教授所指出的，当今的学校已经走入了迷惘，"与其说学校是儿童一起学习成长的场所，不如说是丧失欢乐、丧失学习伙伴，也丧失自身的场所更为妥当；学校与其说是形成学习的亲和、实现民主主义的场所，不如说是发挥着排他性竞争，酿造优越感与自卑感，扩大阶级、种族、性别的社会文化差异的场所"②。在排他性的竞争中，学校生活丧失了欢乐，学生之间也不再是快乐的伙伴关系。学校不再是一个充满公共精神和公共关怀意识的场所，因为学校把提高升学率看得比建构民主生活空间更为重要。显然，作为转化性知识分子的教师，不能对这种"异化"的学校生活熟视无睹，不能让恶性的竞争关系阻碍学生公

---

① 王彦明. 教师身份认同：危机、原因、诉求[J]. 教育导刊, 2011 (3).
② [日] 佐藤学. 学习的快乐——走向对话[M]. 钟启泉, 译. 北京：教育科学出版社, 2004：77.

民精神的发展。为此，教师应当促进学校生活中的公民伙伴关系，建立教师与学生、学生与学生之间的公民学习共同体。教师要让学生了解到，良好的学习生活不具有排他性，它是一种共赢的学习生活；它寻求的是一种相互帮助、相互促进的公民伙伴关系，而不是相互排挤、相互攻击的敌视关系。在更进一步的意义上，教师还应引导学生在课堂伙伴关系的基础上形成公民的共同体精神。作为学校公共生活或社会公共生活的成员，学生不仅为自我的学业成就和考试升学而奋斗，而且同时也为学校公共生活和社会公共生活的发展和完善而奋斗。作为公民，学生在享有自身的公民权利的同时还要履行公民责任，承担公民共同体的公共义务。通过有效的公民教育引导以及公民共同体生活的建构，教师可以让学生认识到维护、发展学校公共生活的重要意义，教会学生尊重公民共同体中的其他公民，意识到合作与协商是公民共同体解决问题的主要途径。教师可以通过共同体生活，把这些价值观念传递给学生，提升学生的公民伙伴意识和合作精神。

最后，教师要致力于建构一种新型的师生交往关系，这种新型的师生关系契合于学校生活的公共领域属性。新型的师生交往关系是对传统的知识交往关系的全面超越。在新型的师生交往关系中，教师与学生的交往生活不再只是围绕着知识和考试，而是围绕着公民品格的培育和公共领域的建构。在这种新型的交往生活中，教师与学生作为学校公共生活的公民，遵循着公民伦理的基本规范，以平等的公民身份参与交往活动。对于学生而言，教师不再是一个无限高大的课堂专制者、知识授受者以及价值灌输者，而是一个在人格上平等、在角色上对等、在权利上平等的公民。教师不再能够凭借自身的教育权力来侵犯学生的公民权利（比如学生的受教育权、隐私权、健康权、人身自由权等），教师的权力行使必须接受合法性与合理性的审查，接受学生的公民权利的制衡与监督。当然，学生也必须尊重教师的权利，不得以损害教师权利的方式来开展学习活动。教师与学生作为学校公民共同体的成员，均应当自觉地维护对方的公民权利，同时也要自觉履行自身的公民责任。因此，在公共性的学校生活中，教师与学生的交往关系不再只是知识关系，同时也是一种体现出正义性的公民交往关系。作为转化性知识分子的教师，必须让自己的教育工作满足公民伦理以及正义理念的要求。教师作为转化性知识分子，就是要把公民的权利、责任、正义的理念融入课堂生活中，使学生在课堂生活中接受全面的公民教育。教师在课堂公共生活的建构中，要努力超越传统的知识模式，促进教师与学生的交往关系成为一种以公民理性、公共伦理为基础的交往关系。这种交往可以把教师和学生引导到正确的公民教育方向，在社会、学校以及课堂的交往生活空间中思考权利、责任、正义、平等等公民价值理念，同时也引导教师和学生以公民价值理念来检视学校生活，促进学校生活的公共性建构。这是作为转化性知识分子的教师所能够给学校公共生活以及课堂公共生活带来的积极变化，也是教师与学生相互促进、共同创造公共性的学校生活空间的基础。

# 论人类的教育

南京师范大学道德教育研究所　王建华

教育是人性得以升华的根本途径。作为人类最基本的实践活动之一，教育使人与动物相区分，同时也是人类赖以对抗自然选择、坚持文化进化的崇高事业。没有教育，人类极有可能会重返野蛮；没有教育，人类就和动物没有区别。教育是人的产物，人也是教育的产物。如康德所言："人唯有凭借教育才能成为人。人绝非人所创造的教育以外的产物。确切地说，人唯有凭借人，亦即唯有凭借同样受过教育的人才可能受教育。"① 因此，没有人就没有教育，同样没有教育也没有人。人性是教育得以展开的基础，教育也是人性得以形成的基础。人的可塑性赋予教育以可能性，教育的塑造也赋予人以可能性。教育可以张扬人性中的善，实现人的幸福；教育也可以助长人性中的恶，导致社会的苦难。当然，无论人性还是教育都并非亘古不变。古今中外的教育形式千差万别，虽然有很多原因，但其中人性的差异不可不察。人性的差异不同于基因的差异。基因虽为人性提供了生物学的基础，但基因绝不等于人性。基因的构成具有唯一性和排他性，人性则不然。人是类的存在物，具有类本质。除此之外，由于社会构成的影响，同一时代或同一文明中的人往往拥有某种类似的人性。人的自然的普遍性和统一性是教育可能性的重要基础。在人性问

---

① ［日］筑波大学教育学研究会. 现代教育学基础（中文修订版）［M］. 上海：上海教育出版社，2003：71.

题上，同一时代或同一文明中的人之间往往共性大于差异。比如历史上古希腊的自由教育就与那个时代人的自然状况和社会构成相一致，后来在英国自由教育演变为博雅教育，也是由英国那个时代人的自然状况和社会构成决定的。再后来，自由教育在美国又被通识教育所取代，同样也体现了人的自然状况和社会构成的变化。社会的构成和人性的变迁不仅影响教育的内容，而且决定教育的形式。近代以来，家庭教育的式微和学校教育的繁荣就和人的自然状态与社会状态构成的变化密切相关。16世纪时，蒙田（Michel de Montaigne）认为："学校是一座不折不扣的囚禁孩子的监狱。"① 到了17世纪，延续古典教育的传统，洛克（John Locke）还认为家庭才是最为理想的教育场所，学校教育乏善可陈。直到18世纪，卢梭（Jean-Jacques Rousseau）通过《爱弥儿》同样展现了一种有别于学校教育的自然教育。但最终无论是洛克式的家庭教育还是卢梭式的自然教育都不再可能，以学校为基础的制度化教育成为世界各国的共同选择。19世纪以后，作为制度化教育最重要的载体，学校通常由政府通过立法而建立。随着公立学校的普及，学校逐渐成为教育的代名词，学校教育逐渐成为人类最普遍的教育形式。而世界范围内自20世纪以来，正是以学校教育为范本，人的教育的含义被过度窄化，关于学校的规则和制度被误认为教育的规律，教条的规律话语抑制了教育生活的可能性，束缚了人的教育的想象力。

## 一、人是教育的产物

从生物学上讲，人是由基因决定的，判定人与非人的标准就是DNA的结构。人性中的很多成分也能够在基因中找到根据。② 但在社会学或文化学的意义上，人仍然是教育的产物。人之为人主要不在于基因，单纯的生物因素足以使人成为人，而只有教育才能使人成为真正的人。古往今来，教育都是所有人过上美好生活的前提。此外，之所以说人是教育的产

---

① ［法］蒙田. 蒙田随笔全集（上）［M］. 潘丽珍，等，译. 南京：译林出版社，2001：185.
② 孔宪铎，王登峰. 基因与人性：影响人性的若干基因［J］. 心理学探新，2006（1）.

物，还因为"人就是他学习要成为的样子：这是人的处境"①。人的这种教育处境是命定的，无法逃避。没有任何人可以不通过教育或学习而成为人或展现出丰富的人性。教育可以和人的生存无关，但却是生活的要件；如果只是在生理学的意义上活着，人可能不需要受教育。但人需要的是可能的生活而不仅是机械的生存。"教育有其目的，不论对人类还是对个别人。凡被教育者，都将被教育成某种东西。"② 为了人的教育，所追求的正是一种可能的生活以及对于这种可能生活的终极态度。作为人的一种精神性活动，教育不是对环境刺激的机械反应，而是人性自我实现和自我完善的崇高事业。"学习关注的是概念、观念、信仰、情感、感觉、认知、辨别、法则和所有构成人的处境的东西。"③ 教育中虽然也包含对于某些技能和实用知识的学习，但单纯的技能训练不能称为教育。简而言之，教育是人之为人的必要条件。人与其他动物的区别在于基因，但人与非人的区别不在于基因，而在于人性的善恶。人可能有兽性，但兽却不可能有人性。人性的可塑性赋予了教育可能性，但人的不确定性也导致了教育的困境。但无论如何，"教育首先需要弄清楚人是什么、人的本质及其本质上所包含的价值尺度是什么"。"而一旦失去了这些，教育便也失去了其全部的人性意义，或者变成了一种培养为国家效力的动物的过程。"④ 因此，教育就是要唤醒人的自然本性，弱化人性中残留的动物性，使其成为一个有德性的人或好人。教育致力于人的完善，帮助人在善与恶的挣扎中做出选择，教人成为真正意义上的人。"既然做还是不做高尚（高贵）的行为，做还是不做卑贱的行为，都是我们的能力范围之内的事情，既然做或不做这些，如我们看到的，关系到一个人是善还是恶，做一个好人还是坏人就是在我们能力范围之内的事情。"⑤ 当然，需要指出的是，虽然人

---

① ［英］迈克尔·欧克肖特. 人文学习之声［M］. 孙磊，译. 上海：上海译文出版社，2012：2.

② ［德］莱辛. 论人类的教育——莱辛政治哲学文选［M］. 朱雁冰，译. 北京：华夏出版社，2008：125.

③ ［英］迈克尔·欧克肖特. 人文学习之声［M］. 孙磊，译. 上海：上海译文出版社，2012：8.

④ ［法］雅克·马里坦. 教育在十字路口［M］. 高旭平，译. 北京：首都师范大学出版社，2012：7-8.

⑤ ［古希腊］亚里士多德. 尼各马可伦理学［M］. 廖申白，译注. 北京：商务印书馆，2010：72.

是可教的，教育的任务也是要解放人或塑造人，使人成为人，但由于人性的不确定性，加之社会因素的影响，教育的理想往往会遭遇现实的挫折。无论任何社会，也无论任何时代，教育都可以对人性中的善产生影响，但教育的最终结果往往充满不确定性。利维斯（F. R. Leavis）就认为："教育并不能'塑造人'，它只能发挥有限的作用。"① 但即便如此，教育的有限的作用对于人的成长仍然至关重要，至少直到今天还没有什么事情比教育对让人成为人更加重要。

人之所以需要教育，是由人的必死性决定的。个体无论如何优秀，最后必将消亡。为了使凝聚在优秀个体身上的生活经验能够传递给年青一代，教育就成为人类生活的必要。教育的合法性就在于它可以克除人类的不成熟，使人摆脱依赖性。对于人的成长而言，"既然实际上除了更多的生长，没有别的东西是和生长有关的，所以除了更多的教育，没有别的东西是教育所从属的"②。另外，不仅未成熟的个体需要成长，而且已经积累的先进经验需要传递，社会群体本身的维系也需要教育的介入。没有教育的个体将是一盘散沙，无法形成作为共同体的社会。而作为共同体的社会本身也具有重要的教育意义。对于社会而言，教育不仅是传递有关遥远事物的知识，而且可以培养个体对于共同体的认同和忠诚。当然，处理教育与社会的关系必须要以教育与人的关系为基础，不能以社会构成替代人的自然本性。除了塑造人之外，教育没有别的目的。教育的社会化绝不能替代教育对于人的塑造或对于人性的改造。教育的价值就在于塑造人，在于为人的成长提供条件。这个道理在理论上可能无人不知，但在实践中却又很少有人不违反。根本的原因就在于，知识的传播和社会的力量触手可及，而人性的改造或塑造则虚无缥缈且充满不确定性。因此，在制度化的学校里，知识传播和人的社会化受到高度重视，真正的关于人的自然的教育则容易被忽视。当然，教育并非要否认知识的传授和人的社会化。相反，无论何时，知识的传授都是教育得以实现的重要载体，甚至没有知识就没有教育；人的社会化也同样重要，没有社会化，人的教育同样会失去意义。"一个人光做好人还不够，他还必须做一个有用的好人。所谓做一

---

① ［英］罗纳德·巴尼特. 高等教育理念［M］. 蓝劲松，译. 北京：北京大学出版社，2012：260.

② ［美］约翰·杜威. 民主主义与教育［M］. 王承绪，译. 北京：人民教育出版社，2001：59.

个有用的好人，就是他能生活得像一个社会成员，在和别人的共同生活中，他对社会的贡献和他所得到的好处能保持平衡。"① 人毕竟是社会人，毕竟要在社会中生存。"教育的目的在于培养'好'人、'好'公民和有用的人。'好'人的意思是内在的完整、坚定的人，它归根到底源于某种完满的人生哲学。"② 这里要强调的是，知识传授的价值和人的社会化都必须服从于人性的塑造。在这个世界上，知识本身和社会化都不是目的，只有人才是目的，才是教育的目的。

哲学上讲，人是目的。哲学之外，人往往沦为手段。但事实上，手段与目的并非彼此对立而是可以相互转化的。对于人的教育而言，同样如此。教育中人有时是手段，有时是目的。当然，终极意义上，人是人类一切事物有意义和有价值的源头。没有人就没有一切。但也并非有了人就有一切，人类社会的进步与人的教育息息相关。更多的人受教育，更多的人受更多的教育，一直是人类社会得以进步的根本动力。值得警惕的是，当学校教育成为教育的代名词，当教育不再意味着生活教育或教育生活，教育的目的以及教育与人的关系便面临着深刻的危机。现代社会里物质条件的进步使学校越来越精致化，教育的手段越来越技术化。为了实现政府的意图，教育改革往往舍本逐末，以手段的先进来掩盖目的的缺失，以技术的进步来替代精神的虚无。当人与社会环境的关系成为教育的最终目的，当教育放弃对于人生意义的追逐，不再"涉及人类个体生活及精神进步过程中人的个性问题"③，教育的危机便不可避免。无论何时，教育必须首先要去培养一个人，然后才是培养一个律师或医生，而不能相反。教育的最终目的是人性的实现，是让人成为人，而不是把人变成工具。"一个教育计划，若仅仅以在日益专业化的领域里塑造日益完美的专家为目的，而不能对特殊能力以外的任何事物进行判断，那么，这个教育计划确实会使人类的精神和生活逐步动物化。正如蜜蜂的生活是由酿蜜组成一样，人类的真正生活也将由产生经济价值和科学发现组成（这一过程是借

---

① [美] 约翰·杜威. 民主主义与教育[M]. 王承绪，译. 北京：人民教育出版社，2001：378.
② 哈佛委员会. 哈佛通识教育红皮书[M]. 李曼丽，译. 北京：北京大学出版社，2010：58.
③ [法] 雅克·马里坦. 教育在十字路口[M]. 高旭平，译. 北京：首都师范大学出版社，2012：17.

助于完美的、分门别类的方式进行的）。"① 因此，教育必须是人的教育，也必须是为了人的教育，而不能是动物式的训练或训练动物式的所谓教育。如果忽略了人这个大前提，教育也就失去了意义，成为多余的事业。如果不是为了培养人性，动物式的训练将导致人的分裂，这样的"教育"不可能培养"完整的人"（whole man），而只能训练经济动物。

　　教育原本是人性的唤醒，是一项艰难的事业，现在却逐渐成了专业活动和社会化的过程。教育沦为被各利益相关方当作实现选择目的的手段。"现代政府对教育并不感兴趣；他们仅仅关注将一种或另一种'社会化'施加给教育事业幸存的碎片，而这种教育事业曾经是相当可观的。"② 今天，随着教育与社会的关系被置于教育与人的关系之上，教育的条件控制了教育本身。在教育根基被侵蚀的同时，专业化和社会化成为现代教育的两翼。社会化意味着每一个人都要成为社会结构的一部分，专业化则要求每个人都要在现代社会的分工体系中扮演某种合适的角色。同时，社会化还旨在保障个体不成为社会有效运作的障碍，而专业化则意味着教育成为人维持生计的工具或谋生的手段。教育实践中人性的唤醒在生存的压力下退居幕后。"教育总被认为只不过是与'社会需求的指令'相关（经常并不完善）的'社会投资'。由此，对教育的理性思考必须要反思当今教育事业如何适应当今社会的需要；教育改革（当它不只关涉教与学的时候）就是要发现什么构成当今社会的'功能'，并设计一套'教育体制'以最经济的方式生产最充分地履行这些功能的人。"③ 因此，即便是在没有生存压力的情况下，现代教育也放弃了对于人的自然本性的关注，开始向社会化和专业化倾斜。现代性的逻辑使得教育的目的不再是发展参差多样的、丰富多彩的人性，而是要培养专业工作者并促进其对于某种意识形态或价值观念的认同。今天，同一性而非多样性成了教育的魂灵。根本的原因在于，当今时代，无论观念上还是物质上，学校与周围的环境之间没有了边界，不再是一个特殊的学习的地方，不再受到保护。在学校里，学生

---

　　① ［法］雅克·马里坦. 教育在十字路口［M］. 高旭平，译. 北京：首都师范大学出版社，2012：21.

　　② ［英］迈克尔·欧克肖特. 人文学习之声［M］. 孙磊，译. 上海：上海译文出版社，2012：97.

　　③ ［英］迈克尔·欧克肖特. 人文学习之声［M］. 孙磊，译. 上海：上海译文出版社，2012：106.

既没有对人生的困惑，也没有对知识的敬畏。"这种环境中的学校显然是不重要的。在很大程度上，它已将自己的特性交给某个地方，而有可能听到其他言语以及有可能学习欲望之外的语言的地方则被排除在外。它不接受隔离，不提供豁免。它的装饰品是那些人们已熟悉的玩具。它的善行和恶行就是周边世界中的善行和恶行。"① 其结果，学校的社会化自然而然地造成了教育的社会化。由于社会化的不断蔓延，教育的含义慢慢发生改变：一方面，学校里人性的唤醒逐渐让位于专业训练和公民塑造；另一方面，学校之外文化产业的兴起又使"伪教育"铺天盖地地涌向孩子们，真正的教育被人遗忘。由于学校与教育的隔离，由于"伪教育"对真正教育的遮蔽，现在有一种危险的看法认为，在人的完善上，教育具有可替代性，不通过教育也可以成为真正的人。我们绝不能将对学校的不满转移为对教育的攻击。对于人的形成和发展而言，教育是不可替代的，绝没有比教育更好的让人成为人的其他方式。"教育是一面镜子，每个人在它面前为自己的生活方式立法。教育不是学习如何更精通地做这做那，而是获取对人的处境理解的某种尺度，由此'生活的事实'会不断被'生活的品质'所阐明。教育是使自己学会怎样立刻成为生活的自主的、有教养的主人。"② 未来随着技术的发展，一个非学校化的社会可能出现，但没有教育的社会绝无可能出现。当前需要解决的问题，就是让学校工作回归教育本身，让学校之外的"伪教育"回归真正的教育。

当然，从人的发展或个性解放上看，无论是学校之内还是学校之外，几乎没有过真正成功的且可持续的教育实践。教育中的理想主义从来都是危险的。因此，"教育的首要意义是自我教育，而学校的目的是使学生懂得如何自我教育，并节省他独自探索的时间。教学的目的是帮助学生获得自学所需要的独立性、自由探究的好奇心和坚持不懈的精神"③。人类历史上那些伟大的人物虽然没有人完全未曾受过教育，但也没有一个伟大的人物完全是教育的结果。对于天才而言，教育如果不曾戕害其天性就

① ［英］迈克尔·欧克肖特. 人文学习之声［M］. 孙磊，译. 上海：上海译文出版社，2012：35-36.

② ［英］迈克尔·欧克肖特. 人文学习之声［M］. 孙磊，译. 上海：上海译文出版社，2012：76.

③ 哈佛委员会. 哈佛通识教育红皮书［M］. 李曼丽，译. 北京：北京大学出版社，2010：203.

可算万幸。教育的悖论即人性的悖论。今天不只是现代性玷污了教育的理想，而且教育也传播了现代性的病毒。教育的苦难是永恒的，现代性只是在这种苦难上抹了一点时代的粉彩。古典的教育哲学可以提供一种作为理念的教育的概念，现代性却赋予了教育作为一种制度性存在的合法性。当下，技术正在解构教育，从理念到制度，从哲学到伦理，教育危机重重。就像从来没有理想国，教育也从未有过黄金时代，更不存在本真的教育。教育的历史上只有坏和不那么坏的时候。也许在人的观念中的确存在一种作为理念的教育，但教育本身却更像是一种苦难，一种心灵的形而上的苦难。原因在于教育与人性并非天然合一，而是相互冲突。人人都希望自己才华横溢，但只有少数人才能从学习和教育中得到真正的快乐和人性的解放。对于绝大多数人而言，教育只是一种社会化的，甚至是带有强制性的规训和煎熬。莱辛在《论人类的教育》一书中就曾指出："教育给予人的并非人凭自己不可能得到的东西。教育给予人的仅仅是自己可能得到的东西，只是更快、更容易。过去如此，现在仍然如此。"[①] 就是为了更快和更容易地得到可能得到的东西，人性的自由不得不在现实教育的炼狱中蒙受苦难。

## 二、知识、学校与教育的关系

近代以来，由于知识爆炸和知识价值的革命，知识和教育的关系被逆转。原本作为教育介质或载体的知识，转而成了教育的目的，学校唯一的目的似乎就是向学生传授越来越多的知识。"知识本身就是目的"甚至成为一种经典的教育理念。历史上，由于人们对于知识本身的性质的观念发生了变化，学校对于什么是知识的定义也在变化。"知识的记录本是探索的结果和进一步探索的资源，但是人们不顾知识记录所处的这种地位，把它看作就是知识。人们的心灵成为它先前战胜环境的战利品的俘虏；他们不把这些战利品作为战胜未知事物的武器，却用来固定知识、事实和真理的意义。"[②] 其结果，知识的教育性受到削弱，实用性受到重视。原本要

---

① ［德］莱辛. 论人类的教育——莱辛政治哲学文选［M］. 朱雁冰，译. 北京：华夏出版社，2008：102.

② ［美］约翰·杜威. 民主主义与教育［M］. 王承绪，译. 北京：人民教育出版社，2001：204.

首先致力于人的发展和人性塑造的教育，逐渐沦为以知识为中介的专业教育或职业教育。对教育而言，对人性的培养永远是第一位的，其次才是对专家的训练。如杜威所言："教育首先必须是人类的，只是随后才是专业的。"① 如果这种先后顺序被颠倒，可能会提高教育的效率或效益，但却会严重损害教育的效果或结果。更为根本的是，大部分学生根本不了解教育的真正目的以及自己之所以需要接受教育的真正原因，他们在学校里所得到的也不是他们想要的教育，而只是学校或社会想给他们的教育。他们不是基于自己的目的来接受教育，而是为了父母或雇主的目的在接受教育。"正是由于这个事实，他们的行动变成不自由的，任何教育如果只是为了传授技能，这种教育就是不自由的、不道德的。这种活动不是自由的，因为人们没有自由地参与这种活动。"② 当前的学校教育正面临着这种困境。为了满足社会的需要或诱惑，学校尤其是大学正想方设法开设越来越多的课程，提供各种各样的"教育"。但正是在这纷繁多样的教育中，真正的关于人的教育被遗忘了。

就像知识和美德的关系一样，知识和教育之间的关系也非常复杂。有时传播知识就是教育，有时知识是知识，教育是教育。实践中，有些知识具有丰富的教育性，有些知识可能缺少教育性，而事实上知识能否产生教育性，除了知识本身的属性外，还取决于教育的方式和方法。因为即便是那些具有丰富的教育性的知识，如果使用不当也会变得索然无味，毫无教育价值和意义。但可以肯定的是，除极个别例外，没有知识则没有教育。教育无法在真空中产生，也无法脱离知识而单独存在。"教育总归要涉及人类心灵的伟大成就。"③ 教育的产生和维持，人的成长和发展，知识都是必不可少的养料。对于人的教育而言，关键是选择何种知识，以何种方式让知识融入人的心灵，成为人性自身的一部分。对于人的自由与解放来说，在教育的过程中，知识的摄入应"犹如火中添柴，柴助火势，让火越烧越旺。但是若将大量潮湿的木头扔入火中，只会将火熄灭。用卑躬屈膝的方式接受知识的理性，并不能真正理解知识，而只会受到那种并非属于

---

① ［美］约翰·杜威. 民主主义与教育［M］. 王承绪，译. 北京：人民教育出版社，2001：209.
② ［美］约翰·杜威. 民主主义与教育［M］. 王承绪，译. 北京：人民教育出版社，2001：278.
③ ［法］雅克·马里坦. 教育在十字路口［M］. 高旭平，译. 北京：首都师范大学出版社，2012：81.

它本身而是属于他人的知识之压抑"①。现代教育注重知识的传播本身没有错，但关键是不能忽视知识的教育性。如果在教育的过程中所传播的多是没有教育性或较少教育性的工具性知识，如果那些原本具有教育性的知识被机械地或简单粗暴地塞进学生的头脑，教育的效果便可想而知。这样的学校培养不出真正受过教育的人，而只会沦为颁发文凭的工厂或传播知识的流水线。知识的传播强调的是效率或效益，而教育的关键则是效果或结果。"当今教育努力将教学简化为一套技术功能，以使其成为'自动防故障装置'，这是一种灾难性的误解，然而却是有意为之，其目的是要威胁、毁灭真正可能的学习。"② 在学校里知识的实用功能或使用价值压过了对人的教育的效果从而占据绝对的优势。在政府机构促进由教育政策来解决教育问题的宏观制度框架下，学校逐渐忘记了教育的真正目的，忽视了人在教育中的位置，只希望借助教育的相关物（知识的传播）来减缓自身的恐惧，通过不断的教育改革来维持这种机构的合法性。

人类历史上，最初的教育原本和学校无关。作为一种精神性活动，教育甚至可以在一个人的冥想中产生，一个伟大的英雄人物可以成为所有人的老师。历史上，人类社会的生活世界中，教育一直无处不在。近代以来，受社会分工的影响，学校逐渐以专业性的名义垄断了人类的教育活动。在教育的庇护下，学校成为一个受保护的地方，大学更是被誉为"世俗的教会"和人类的精神家园。但现代以来，在现代性话语的诱惑下，教育领域的专业性，逐渐超越了精神性，成为学校的合法性来源。事实上，教育的专业性一直是一种"伪专业性"，无论如何，教育学都无法与医学和法学相提并论。在专业性的维度上，教师作为一种职业或专业自然也无法与医生、律师相媲美。当然，这不是教育的专业性建设还不够，更不是教育的缺陷。克里希那穆提（Jiddu Krishnamurti）曾直言："教育不应该成为一种专家的职业。"③ 人类社会不同的场域有不同的逻辑。教育原本就不以专业性见长，其优势在于精神的丰富性。如果非要以专业性为

---

① ［法］雅克·马里坦. 教育在十字路口［M］. 高旭平，译. 北京：首都师范大学出版社，2012：57.

② ［英］迈克尔·欧克肖特. 人文学习之声［M］. 孙磊，译. 上海：上海译文出版社，2012：前言·3.

③ ［印］克里希那穆提. 一生的学习［M］. 张男星，译. 北京：群言出版社，2004：49.

尺度，而且要通过人为的制度手段让教育的专业性不断提升，过分追求教育的专业性，结果只会适得其反。"他应当着眼于他的特殊对象，并且研究到适合他的目的程度。追求过分的确定性将要求烦冗的工作，这会超出我们的目的。"① 教育的真谛和教师的伟大在于直面真实的人性时拥有高超的教育智慧，而非对于专业性的过分追求。人类社会那些伟大的心灵（老师）之所以伟大，不在于其专业而在于其精神。无论是历史、现实还是将来，如果精神性多一点，专业性少一点，教育会更有活力；相反，如果专业性多一点，精神性少一点，教育则会失去活力。"一个有教养的人的特点，就是在每种事物中只寻求那种题材的本性所容有的确切性。只要求一个数学家提出一个大致的说法，与要求一位修辞学家做出严格的证明同样的不合理。"② 亚里士多德的上述判断用在教育活动上也同样合适。为了避免学校的繁荣和教育的衰落同时并存这种吊诡的现象，我们有必要反思学校教育的专业性取向，重温古典教育的理念，回到苏格拉底，复兴教育的精神性。科学技术也许越现代越好，人性的培养可能还是古典一些比较好。现在教育的困境就在于有太多的东西阻止这项事业。人的教育成就中学校不是必要条件，更不是充分条件，教育所需要的唯一条件是教育者，而教育者本身必须是受过真正教育的人。"正如土壤需要它的培育者，心灵需要老师。但老师的产生可没有农夫那么容易，老师自己是学生且必须是学生。但这种返回不能无限进行下去：最终必须有一些不再作为学生的老师。那些不再是学生的老师是伟大的心灵。……实际上，无论学生的精通程度如何，他们都只能通过伟大的书来接近不再是学生的老师，接近最伟大的心灵。"③ 真正的教育最后必然落脚于通过向那些伟大的心灵（老师）来学习而实现的自我的教育。由于"教育的主要动因和动力因素并不是教师的艺术，而是能动性的内在原则，即天性和心灵的内部力量"④。因此，在教育领域中经常出现自相矛盾的现象：一是教师未

---

① ［古希腊］亚里士多德. 尼各马可伦理学［M］. 廖申白，译注. 北京：商务印书馆，2010：32.

② ［古希腊］亚里士多德. 尼各马可伦理学［M］. 廖申白，译注. 北京：商务印书馆，2010：7.

③ 刘小枫，陈少明. 古典传统与自由教育［M］. 北京：华夏出版社，2005：2.

④ ［法］雅克·马里坦. 教育在十字路口［M］. 高旭平，译. 北京：首都师范大学出版社，2012：39.

必是教育者，二是学校未必是真正的教育机构。学生得自教师和学校的往往只是知识，而教育本身有时则成了教育工作中最不重要的事情。

对于人类而言，从教育（education）到学校教育（schooling）是一个巨大的转折。在非制度化阶段，教育弥漫在整个生活世界中，是偶然的，但也具有无限的可能性；学校出现后，在制度化的学校教育中，生活世界的偶然性逐渐被机构职能的必然性取代，教育的可能性被知识的确定性替代。学校的发明本身就意味着人类的理性对于教育生活秩序的重构，在人的理性的建构下，学校成了"教师进行演说的地方"，而不再是"闲暇"或"玩乐"的场所。① 由于教师和学生之间信息的不对称和成熟度上的落差，学生在学校里只能处在附属的地位。学校原本是因为有学生需要教育而产生的，但事实上，学校更多的是教师的学校而非学生的学校。学校教育以教师、教材和教室为中心，忽视了学生作为学习者的主体性，学校教育（schooling）蜕化成了教学（teaching），而教学又被等同为人的专业化和社会化，妨碍了真正的教育的实现。不过，虽然在教育事业上学校有诸多不尽如人意的地方，但废除学校的说法仍然过于极端，不具有可行性。至少在当前还没有任何机构可以取代学校成为教育事业更好的提供者。在某种意义上，当今教育的危机恰恰是对学校教育理念的敌视。就像幻想通过废除高考来实现教育改革一样，企图通过废除学校来实现用一种教育方案来代替另一种教育方案的做法同样是有害的。废除学校固然可以避免学校的缺点，但也必然将所有具有教育价值的事物排除在外，最终伤害最大的仍然是教育本身和人本身，而不是学校。学校只是人用来实现教育目的的一种组织，学校本身没有目的，有目的的是人，是人的教育。正如"所有科学、所有知识、所有艺术、所有文学以及所有哲学存在的目的……不是为了其自身，而是为了人类"②。教育事业也一样。正是在某种教育理想或目的的吸引下，人类创造了学校这种组织。但后来在政府的"启蒙"下，学校又似乎违背了教育的初衷，不再是一个纯粹的教育机构。随着教育条件和手段重要性的增强，教育本身反倒成了学校里最不重要的事情。然而，必须看到学校并没有垄断人类的教育，学校与教育间

---

① ［英］迈克尔·欧克肖特. 人文学习之声［M］. 孙磊，译. 上海：上海译文出版社，2012：73.

② ［美］劳伦斯·维赛. 美国现代大学的崛起［M］. 栾鸾，译. 北京：北京大学出版社，2011：212.

并非完全对应的关系。现代社会需要避免的是将教育等同于学校教育或将学校教育等同于教育，而不是去废除学校。更何况人类社会实践中可能也从未存在过纯粹的教育机构或真正的教育。所谓真正的教育和纯粹的教育机构，不过是一种理性主义的夸张或教育文本上的渲染。客观而言，学校内外都是教育的空间，关键是人如何运用。人类的教育不能趋向于理想主义，但也不能没有教育的理想。

作为一种理想，人类对于教育活动一直有积极和消极两种不同态度。奉行积极教育原则的学者坚信教育可以塑造人的自然本性，教育有助于人的幸福。奉行消极教育原则的学者则认为，否定性的教育才是好的教育；对于人而言，理想的教育是"无为而治"，只要不抑制人的天性就是成功教育；在大自然面前人是渺小的，在人的自然面前，教育的力量同样是微不足道的。无论积极的教育还是消极的教育，都有其合理之处，根本的原因就在于人性本身存在着实然与应然的两重性。从应然的层面出发，教育应积极引导人性中可能的善因，以实现灵魂的转向。从实然的层面出发，教育却经常抑制人的天性，成为人成长过程中负面的力量。因此，教育中人也有两种不同的存在状态，即人的自然状态和人的社会状态。人的自然状态表明了人与动物的界限，人的社会状态则表明了人与人之间的社会差异。在具体的教育过程中，人的自然本性客观存在，可以被忽视、被装饰，但绝不能被删除。人的社会状态与社会化的教育密切相关，没有社会化的教育，人也会有社会状态，但这时的社会状态是一种自然的状态。教育社会化以后，不但人的社会状态不再自然，人的自然状态也被社会化。为了实现人的社会化，教育被当成了一种社会活动而不是人的自然的活动。"我们不再通过人的自然状态（state of nature）来理解人，而只通过人的社会状态来理解人；即便我们时常会提到人的自然，那也是被社会化了的社会自然（social nature）。"① 在社会化教育理论和实践中，无论是自然本身还是人的自然均被从教育中移除。现代教育不再关注人的自然状态，而只关注人可以被塑造成什么样子。在塑造人的过程中，古典哲学被摒弃，心理学与社会学成为教育理论的两翼，由于人性被教育理论作为一

---

① 渠敬东. 现代社会中的人性及教育——以涂尔干社会理论为视角［M］. 上海：上海三联书店，2006：5.

个假设悬置起来，关于人的教育的理论中教育哲学逐渐被边缘化。"一种实用主义的精神、一心想发现'什么在发挥作用'的心理明显地主导了从教室到会议室，从政策智囊团到行政办公室的许多教育思想。"① 最终，人的社会构成而不是人的自然成为学校教育理论的核心议题，成为政府驱动教育改革的主要政策工具。

## 三、人的教育有规律吗？

几千年来，人类的教育步履蹒跚，辉煌的时代屈指可数，惨痛的教训层出不穷。虽然每个人都自信懂得教育，但又没有一个人真正知道教育的奥秘，更不存在可以普遍遵循的教育规律。如康德所言："能够对人提出的最大、最难的问题就是教育。"② 教育的困难源于人性的不确定性，而人的教育的复杂性和不确定性也注定教育没有什么规律可言。"如果要测度的事物是不确定的，测度的尺度也就是不确定的。"③ 关于人的教育存在某种理想是正常的，但试图发现某种规律则是不可能的。除非人为的或不确定性的东西也可以称为规律。教育学中关于教育规律的说法一方面反映了科学主义对于教育研究的影响，另一方面也反映了人类理性的自负以及化复杂为简单的智性偏好。在理智的实践中，人类总是以为凡事总有规律可循，有结果必有原因，复杂现象的背后必有简单的规律。事实上，自然界也许有规律可循，所有自然现象背后也许都有原因可找，但人类的教育却的确没有类似自然界中的规律，很多教育结果只能以人的天赋的差异性（个性差异）来解释。"人是需要（want）的创造物。人的需要不是生物性的冲动或基因的要求，而是想象的满足，有理性但没有因果性，它们适于被欲求、选择、寻找、获得、赞成或反对。"④ 客观上，人的教育中

① ［美］菲利普·W. 杰克森. 什么是教育［M］. 吴春雷，马林梅，译. 合肥：安徽人民出版社，2012：1-2.

② ［德］伊曼努尔·康德. 论教育学［M］. 赵鹏，何兆武，译. 上海：上海人民出版社，2005：7.

③ ［古希腊］亚里士多德. 尼各马可伦理学［M］. 廖申白，译注. 北京：商务印书馆，2010：161.

④ ［英］迈克尔·欧克肖特. 人文学习之声［M］. 孙磊，译. 上海：上海译文出版社，2012：66.

涉及最多的可能是规则，而非规律。与规律相比，规则是人为建构或自然形成的。规律不以人的意志为转移，规则则以人的遵守为前提。不同的国家、不同的时代对于人的教育会有不同的规则，但绝不存在亘古不变的所谓教育规律。实际情况是，人类模仿为自然界立"法"（发现自然规律），来为教育立"法"（建立教育规章制度）。其结果，近代以来由民族国家为教育所设定的诸多游戏规则（教育与人的关系以及教育与社会的关系）逐渐被人们误以为是所谓的教育规律。由于人类在时空认识上的局限性，很多偶然的或短期的规则总是被当时的人误以为是人类社会自古以来就是如此的普世性的规律。"规则被误认为规律性（regularities），聪明的眨眼被识认为生理学上的眨眼，行动被识认为'行为'，偶然的关系被识认为原因或系统的连接。"① 今天在人类的教育实践中对于规则的误解以及对于规律的误读仍然司空见惯。在有些极权主义国家，教育的规律要多少有多少，需要什么规律就可以制造出什么规律。有时教育规律不过是用来反教育的遮羞布。因此，现代教育面临的最大问题可能不是缺乏对于教育规律的认识，而是缺少遵守规则和尊重常识的契约精神。当然，否认人的教育有规律或有所谓的教育规律，并不意味着教育的不可知主义或教育学无意义。规律的说法是一种过于简单的线性思维，并不符合人的教育的实际情况。教育学不受尊重不在于没有发现教育规律，而在于教条式的"规律"太多。所谓的按教育规律办事从来都是一句空话，因为教育根本就没有公认的具有可操作性的科学意义上的规律。教育学教科书上所谓的教育规律，不过是对于教育常识或生活常识的简单概括或对于哲学原理的推演。相对于人性的复杂与教育的困难，那些教条式的教育规律很难产生实际意义。正如生活是复杂的，幸福没有规律可言一样，人性也是复杂的，教育也没有规律可言。尼采甚至认为，连自然界都不存在规律，它只存在必然性。"世界总的特点永远是混乱，这并不是说没有必然性，而是指缺乏秩序、划分、形式、美、智慧以及一切称之为美的人性。"② 因此，"不妨把生活想象成一道巨大的难题，想象成一个方程式或一组部分地相互依存、部分地相互独立的方程式……要知道，这些方程式都十分复

---

① ［英］迈克尔·欧克肖特. 人文学习之声［M］. 孙磊，译. 上海：上海译文出版社，2012：27.

② ［德］尼采. 快乐的科学［M］. 黄明嘉，译. 上海：华东师范大学出版社，2007：192.

杂，充满了各种意想不到的惊奇，而我们时常不能求得它们的‘根’”①。教育即生活，对于人类的教育而言，比较务实的做法也是把教育想象成一道巨大的难题，我们往往不能求得它们的"根"，不要幻想着发现并利用某种规律以控制人的教育进展，而是要在教育中通过不断反思，实现人性本身的觉醒。毕竟教育贯穿人的一生，是人的第二生命的培育者。

教育是人的一种生活方式，由于人的不确定性，教育中没有固定不变的规律。教育意味教师与学生的深度互动，所谓一棵树摇动另一棵树，一朵云推动另一朵云，一个灵魂唤醒另一个灵魂。在这种动态的教育活动中，真正符合因果结构的东西很少。教育现象更多的是建构和生成的，具有高度的复杂性和不确定性。"出于某些理由，所有这些，在某些方面是真实的，出于同样的理由，它们在某些方面又是错的。"② 而所谓的规律"是现象中巩固的（保存的）东西"③。虽然哲学意义上的规律未必都像自然科学中的定律那样是完全精确的、定量的和具有必然性的，但那些完全不具有可预测性的或过于模糊的教育论断也很难称之为规律，它们更像是对教育理想或教育目的的简化表述或是教育领域意识形态话语的翻版。即便是教育领域里某些所谓的统计规律，以总体或样本为参照或许有一定的道理，但若具体到教育中的某一个体，这个规律就可能会完全失效。因此，统计规律与其说是规律，不如说是概率更为准确。而概率和规律完全是两码事。规律原本是哲学词汇，后来主要用于描述自然科学的重大发现，一般只有在那些高度专业化的领域才有可以被证实的规律。教育的优势在于精神性而非专业性。当前教育的弱势并非在于专业性不强，而在于精神性的衰落。如果希望通过提高专业性门槛来复兴人类的教育事业无异于南辕北辙。而幻想通过教育学的研究来发现教育的规律，进而来繁荣人类的教育事业，更只是一种科学主义的病态征兆。人类社会生活的不同领域遵循不同的法则，有的领域受科学规律的支配，有的领域则完全和科学无关。教育领域涉及人性，要塑造人、改造人，高度复杂，某些外围问题

---

① ［美］华勒斯坦，等. 开放社会科学［M］. 刘锋，译. 北京：生活·读书·新知三联书店，1997：1.

② ［德］莱辛. 论人类的教育——莱辛政治哲学文选［M］. 朱雁冰，译. 北京：华夏出版社，2008：100.

③ ［苏］阿图托夫，等. 教育科学发展的方法论问题［M］. 赵维贤，叶玉华，译. 北京：教育科学出版社，1990：77.

（教育条件）需要进行科学的研究，但更多涉及教育本身或人的自然的问题则很难通过科学的方法加以研究。赫尔巴特曾尝试以心理学为基础将教育学科学化，后来拉伊也曾开创实验教育学，但最终教育学也没有成为一门严谨的科学。教育学既不是心理学的应用，又无法通过实验进行推演。当前在教育领域那些定性的规律主要是其他学科话语方式的变种，由于条件不可控，其可靠性根本无法保证。实践中，无论教育决策者还是学术同行，对教育规律的认同度都极低。当然，教育的无规律性或不确定性绝非教育学的不成熟造成的，而是由人性和教育本身的复杂性决定的。科学不是普遍适用的，规律更不是人类社会生活所有领域中都不可缺少的。没有规律的生活有时会更加丰富多彩。没有那些所谓的规律束缚的教育也许会更加生机勃勃。面对教育问题时，如果我们多一点人性的考量，少一点规律的思维，反倒会使我们对教育的认识更加丰富，更加接近教育的本质。当然，否认在人的教育中有精密的自然科学式的规律，也绝不是要倒向另一个极端，即教育的不可知论。人类的教育现象或教育问题当然可以认识，可以研究，但可以认识和研究并非意味着一定就能发现某种规律。

值得注意的是，教育领域内部虽然没有规律可言，但在日常生活、政策文本以及教育学的教科书上却经常可以看到或听到种种教育规律的说法。不过，无论在哪种语境下，教育规律都是一个非常泛化的概念，往往有规律的形式而无规律的内容，缺乏具体的针对性，通常只有在处理教育与外部的关系、凸显教育的特殊性，或需要进行规律分类时才有意义。比如，相对于政治规律、经济规律而言，教育领域也有教育规律。基于常识，教育具有自身的特殊性，教育活动不同于心理活动，也不同于生物活动或生理活动。如果说心理活动有心理规律，生物活动有生物规律，生理活动有生理规律，那么教育活动当然也有教育规律。在这种语境中，"规律"只是一种话语方式，而并非严格意义上的科学术语。教育研究的目的就是要提出教育学的看法。"师生不能今天按生理学结论办，明天按心理学结论办，后天按教育学结论办。必须根据各种科学材料研究整体化观念，给师生提出教育原则和建议。"① 因此，所谓的教育规律就是教育学

---

① ［苏］阿图托夫，等. 教育科学发展的方法论问题［M］. 赵维贤，叶玉华，译. 北京：教育科学出版社，1990：19.

所概括出来的关于人类教育的原则和建议，这种规律只是教育学关于教育的特殊性的看法，而非真正的教育的规律。就像一个医生不能抽象地研究健康而要研究具体的人的健康一样，教育研究者也不能抽象地研究教育，而要研究具体的人的教育。抽象的教育也许可以总结出某种抽象的规律，但一旦面对具体的教育实践，这些规律基本上是无效的。由于现有教育学教科书中所谓的教育规律只有一般形态，没有具体的针对性，只有抽象话语的宏大叙事，缺乏可操作的技术性的细节支撑，教育规律通常只是某种哲学观点的衍生或引申，可以主观解释的空间很大，有时甚至会沦为"正确的废话"。很多所谓的教育规律表面上似乎考虑了教育的一切事情，但唯独没有考虑教育的本质。因此，人们日常生活、政策话语以及教育学中教育规律并非真正的科学意义上的规律，而毋宁说是一种语言习惯、行政策略以及教育学争取教育独立性的学科话语方式。历史上，在科学主义意识形态兴起之前，在教育学科学化或完成学科制度化之前，尤其是在古典时期，教育领域内很少有规律的说法。追根溯源，规律原本也不是教育领域的主要话语方式，现代教育领域，尤其是在那些极权主义国家之所以喜欢言必称规律，一方面是学校高度的科层化所造成的整齐划一性给人造成的规律的幻觉，另一方面则是科学主义意识形态所激起的一种化繁为简的理性的自负。现代学校所呈现出高度的一致性和趋同性，是由权力所制定的规则而非内在的规律所致。

本质上，规律是现代性话语中的一种宏大叙事，对于规律的寻求反映了人类理性的野心。在人类社会诸领域，有时能否真的发现规律倒在其次，在口头上敢于宣称人类可以掌握规律至关重要。规律的说法给人以信心。即便最终找不到规律，依然无损于人们对于规律的迷信。因为真正的规律谁也没见过，有时那些规律的装饰物比真的规律还像规律。人类在自然科学领域里因为规律的被发现而呈现直线式的进步，然而在人文领域里则曲折往复，难言进步。教育既无自然科学式的进步，也不似人文精神崇尚不断反刍。教育领域既有古今之争，又有中外之别。古今之争揭示了教育的变与不变，中外之别反映了教育的普遍性与特殊性。但也正是在古今中外的视野中，教育规律之说纷起。一种是沿着时间的维度，从教育本身寻找规律；另一种是冲破空间的樊篱，在教育过程之外寻找规律。但最终无论哪种途径，所有的教育规律都是名义上的规律，都是人为建构的结果。因为这些规律并非真正揭示了教育发展的隐蔽秩序，更不是服务于教育本身的目的，而只是达到另一种比较隐蔽的目的的手段。虽然人性中有恒常的部分，但教育仍随着社会的变化而变化。因此，即使真有规律，不同的国家、不同的时代，也会有不同的规律。而这种规律已很难说是教育的规律。不管是政府宣称的教育规律还是教育研究者阐述的教育规律，都既不能成为一种强制性的话语，又不能成为一种用来说事的无意义的套话。真正的规律会自己起作用，而无须外力的强制。凡外力强加的所谓的规律，一定是有害的。而那些像流行话一样的规律，由于宏大叙事的观念泛滥成灾，往往变成一种公式或口号一样的东西，其结果在逻辑上虽然可能正确，然而在教育实践中却毫无用武之地。无论在哪个领域，规律必须接受实践的检验，仅仅停留在逻辑上或信念上是不够的，如果那样，所谓的规律就只是一种预言或暗示，就缺乏充分的意义和现实性。"教育既不能完全信赖传统，也不能完全变成实验，既不能认为理想本身就足够了，又不能认为远离理想的手段是有价值的。它必须同时支撑传统和实验、理想和手段，就像我们的文化本身那样守正出新。"① 而现有的关于教育规律的说法缺乏实践的检验或实践根本无法检验。由于规律本身在理论上或逻辑上成为一个特殊的自洽的世界，其科学性只能寄希望于类似于"心诚则灵"之类的循环论证。

总之，人的教育有没有规律的关键在于怎么理解"规律"。如果是在严格的科学的意义上，教育没有自然科学式的精致的规律；如果是在哲学的意义上，教育领域有其特殊性，教育的运行自然有教育的规律。科学意义上的规律是特殊的，具有针对性和可操作性，揭示了教育领域的真理，可以指导人们改进人类的教育。哲学意义上的教育规律不过是对于教育特殊性的一种强调，是哲学中那些带有普遍性理论的推论或其他学科相关理论的应用。所谓的教育规律虽然反映了教育领域不同于其他领域的某种特殊性，但并未揭示出人的教育的某种真理性的东西，而更多的是对于教育领域历史或现状的经验性的概括，甚至只是对于某种规则性的误读。因此，与其泛泛地去谈教育的规律，倒不如像其他很多人文社会科学一样，抛弃规律的话语，勇敢地承认教育需要直面人性，是一个超复杂的研

① 哈佛委员会. 哈佛通识教育红皮书[M]. 李曼丽，译. 北京：北京大学出版社，2010：39.

究领域，不属于自然科学的范畴，没有任何普适性的规律可言。关于教育的研究应该少一点整体性的全称判断，多一点"碎片化"的思维。① 只有通过"碎片化"的思维才能实现对那些长期以来被认为毋庸置疑的结论的反思，才能发现教育更多的可能性。教育理论研究不是要去发现某种统一的规律，教育实践者也无法通过熟记某种教育规律实现按教育规律办事；教育理论研究主要是为了丰富人们对于教育实践的认识，教育实践者阅读教育理论研究成果也不是为了寻找某种关于教育规律的说教，而是要获得某种具有针对性的关于教育的知识、原则和建议。

---

① 赵婧. "碎片化"思维与教育研究——托马斯·波克维茨教授访谈录[J]. 全球教育展望，2012（10）.

# 时间·道德·道德教育

## ——兼论传统对道德教育的蕴含

南京师范大学道德教育研究所　孙彩平

我们的灵魂是随着我们的科学和我们的艺术之臻于完美而越发腐败，随着科学与艺术的光芒在我们的天边升起，德行也就消失了。

——卢梭

过去不再把它的光芒照向未来，人们的心灵在晦暗中游荡。

——托克维尔

"中国人精神基础的重建"，意味着我们对当前中国人精神状态的反思，隐约透露着对当前中国人的精神状况，甚至对过去一段时间内的精神建设之路的怀疑与忧虑。这是人类精神发展史上的必然环节。可以说，人类精神的发展史，就是在一步步的"回望"中前进的。实际上，作为精神与道德前进方式的"回望"，也提出了道德与精神发展的时间性问题，即它总是以回到过去与传统的方式前行。本文尝试从时间的视角，分析精神与道德前进的时间性、方向与可能，并以此为依据，分析文化与道德相对主义的合理性，以及文化传统在道德教育以及中国人精神基础重建中的重要地位。

## 一、时间及其向度

关于时间，我们熟悉这样的日常观念：

"天可补，海可填，南山可移，日月既往，不可追复"（曾国藩），即时间是超越于人之外的客观存在，人对时间无能为力；"海上生明月，天涯共此时"（张九龄），即时间具有确定而唯一的内容，处于不同空间中的人和事物分享共同时刻。

对时间的这种朴素观念，在古代就有体现。孔子曾在河边发出"逝者如斯夫，不舍昼夜"的感慨，在《长歌行》中有"百川到东海，何时复西归。少壮不努力，老大徒伤悲"的劝诫。在相当长的时间内，我们认为，我们感觉到的时间是宇宙万物共有的一种特性。这一点在上述例子中都有体现。

这种时间观念，基本类似于牛顿力学框架内的绝对时间观念：时间与空间都是分立而绝对的，物体运动的规律或定律（真理）不会随时间与空间的变化而变化，真理永恒。

在《时间简史》中，霍金讨论了三种不同的时间箭头："首先是热力学时间箭头，即在这个时间方向上无序度或者熵增加；然后是心理学时间箭头，这就是我们感觉时间流逝的方向，在这个方向上我们可以记忆过去而不是未来；最后是宇宙学时间的箭头，宇宙在这个方向上膨胀，而不是收缩。"①

这里，他不仅提出了三种时间——热力学时间、心理学时间和宇宙学时间，还明确指出了各种时间的不同内涵，并且论证了心理学时间方向（这将是与我们讨论的话题最直接相关的一个时间）、宇宙学时间方向与热力学时间方向的一致性。

我们已经可以看到，这三种时间是有箭头的，也就是说有确定的方向性，物质的状态与运动会因为在不同的时间中而有不同的内涵。这三种时间是以物理学为本源性参照的。霍金解释说，"因为我们是在无序度增加的方向上测量时间的"，其实就是在说，这是我们对时间的一个原初规定，它的始点被设定为宇宙大爆炸。因而，他也不无戏谑地说："你不可能有比这个更具胜算的打赌了。"②

这里的时间观念，也许有两方面让我们觉得诧异。

第一，是其中关于心理学时间方向的说法："这就是我们感觉时间流逝的方向，在这个方向上，我们可以记忆过去而不是未来。"他举了杯子

① ［英］霍金. 时间简史［M］. 许明贤，吴忠超，译. 长沙：湖南科技出版社，2013：182-195.
② ［英］霍金. 时间简史［M］. 许明贤，吴忠超，译. 长沙：湖南科技出版社，2013：189.

的例子：在人的记忆中，当杯子被打碎时，你会记得它在桌子上的情形（这是过去发生的事），而不是相反；当杯子在桌子上时，你会记住它打碎的情形（这是未来发生的事）。也就是说，人是通过看到过去远去而感受时间，人的心理学时间的箭头是指向过去的，而非我们通常意义上理解的指向未来。所以，人类的时间计算方法，如年龄，是通过看他自出生之时起，从过去的时间来计算的，而非通过他还没有过的时间计算。虽然在文学艺术作品中，人们有过这样大胆的想象，如在影片《返老还童》中，那个生下来就极度衰老，而随时间的流逝，越来越年轻，直到回到婴儿的本杰明·巴顿的故事。人类纪年的方式，也是从过去的某一个时刻开始，来标定当下的一种过去记忆方式。显然，人类追溯式的时间方式，与心理学时间指向过去这一事实相一致。

而且，由于心理学时间与物理学时间的一致性，而物理学时间是一个失序的方向，这意味着人总是会把过去的生活理解为更有秩序的生活。

第二，更与我们的日常观念相悖的是，时间会因观察者不同的空间位置而不同，成为一个相对的、个体化的因素。霍金举例子说："考虑一对双生子。假定其中一个孩子去山顶上生活，而一个留在海平面，第一个将比第二个老得快些。这样，如果他们再次相会，一个会比另一个更老一些。"[1] 这意味着，宇宙中处于银河系外（足够远）的其他星球，会有一个不同于地球的时间和空间世界。换句话说，在宇宙中，不同星球有各自的时空世界，因而宇宙时空是多元的。而且，时间好像与物体运动的速度相反，越是快速运动的物体，时间运行得越慢。要走过同样的旅行距离，"空间旅行者比留在地球上的人显得更短暂是可能的"[2]。这似乎与中国远古神话中的幻想是一致的：天上一天，地上一年；孙悟空一个筋斗（的时间）就可以走过十万八千里路程。

但是宇宙学时间的相对性，只是指处于不同宇宙空间以不同速度运动的星球之间，其时间是相对的；而对于处于同一星球上的事物而言，或者说"对于以不同速度运动的观察者，物理定律是完全相同的"[3]。我们可以这样认为，虽然从整个宇宙来看，不同星球的时间是相对的、个体化

① ［英］霍金. 时间简史［M］. 许明贤，吴忠超，译. 长沙：湖南科技出版社，2013：44.
② ［英］霍金. 时间简史［M］. 许明贤，吴忠超，译. 长沙：湖南科技出版社，2013：199.
③ ［英］霍金. 时间简史［M］. 许明贤，吴忠超，译. 长沙：湖南科技出版社，2013：201.

的，但在相同的星球上，运动速度较慢的存在，其时间是相对一致的。

## 二、道德观的时间性及其向度

道德是人类的一种文化—心理结构，是心的秩序。人类关于自己内心秩序的观念有很多种，每一种观念实际上都以一定的宇宙观为潜在的假设，甚至其观念的基本思维方式，也都以其宇宙观中最基本的时间与空间观念为基础。下面我们尝试对几种流行的道德观念的时间性及其向度进行分析。

### （一）先验论（唯理论）道德：绝对时间中的"绝对精神"

持先验论或者理念论者，如柏拉图（应该还包括他口中的苏格拉底），认为知识是一种永恒而普遍的存在，而且，他们认定这种永恒而普遍的自然之物在价值上是自明的，因而是自然正确（natural right）的。先验的自然正确，是先于人甚至先于人类存在的恒在。恒在，意味着它不随着人的心理时间的绵延而变化，是一个超越人的时间的在，也就是经典物理学意义上的绝对时间的在。在这个观念上，如上所述，人的时间（历史）对它而言没有意义。或者，在根本上，它拒绝用人的时间（历史）来对其进行考量，所以钟情于自然正确的施特劳斯，对历史主义进行了无情的批判。①

历史主义断定所有人类思想或信念都是历史性的，命定会陈腐朽落；然而，历史主义本身就是一种人类思想，因而历史主义就只具有暂时的有效性，或者说它并不是纯然的真理。强调历史主义的论点，意味着要怀疑它并由此而超越它。事实上，历史主义声称是昭示了一种终于被揭示出来的真理。

历史主义的论题是自相矛盾的或者说是荒谬的。不超越历史，不把握住某种超历史的东西，我们就无法看到"一切"思想——除了历史主义的洞见及其中所蕴含的一切思想——的历史性。

---

① ［美］列奥·施特劳斯. 自然权利与历史［M］. 彭刚，译. 北京：生活·读书·新知三联书店，2011.

在哲学与伦理学史上，用绝对时间中的自然正确为人类时间和生活立法的主张一直都有，世俗的观念如上所言及的西方理性主义。区分纯粹理性与实践理性的康德，把道德命令看作意志对人所发出的绝对命令，并给出了他认为的普遍律令的公式。

这样行动：你意志的准则始终能够同时用作普遍立法的原则。①

康德的道德公式，不管从形式还是从内容的绝对性上，都是超越人类实际个别性差异的规定，他本人也特别强调其道德法则的"无条件性"。中国的道家持有类似的观念，其所谓的"道可道，非常道"，以及"道法自然"的主张，隐约中透露着"道"先于并可以在人之外存在的意思。对于人而言，德（得道）是"有"了人，或者人出生"后"才可能的事情。而最鲜明的超越论，莫过于各种宗教哲学中对各种超人意志的"神"的设立。神超越于人的宿命与有限之外而不朽，其所对人与宇宙的规定也与其一样永恒不变，是存在于绝对时间中的"绝对精神"。

设定存在于人之外的绝对时间中的神或者自然，是将道德设定为绝对精神的一个必须始源。因而，康德也不能脱离这一始源，不得不将"上帝存在"与"灵魂不朽"作为其道德法则的前提性假设。

在绝对时间中以绝对精神为参照的道德，如同悬在人世之外的神灵一样，人及人的世界似乎永远无法企及，甚至道德只是用来发现人及人世中晦暗与罪恶的镜子。

### （二）个体经验论的道德：心理学时间中的意义选择

与理念论强调知识和道德的绝对性与普遍性，因而把知识与道德看作人之外的一种绝对存在不同，个体经验论者强调一切知识与道德皆来自于人的亲身体悟和经验。亚里士多德"属人的善"概念的提出，批判了柏拉图的普遍善概念，在将幸福作为最高善的前提下，他将善与德行拉回到人的心理学时间即人的在世生活中来。

因为我们主张幸福是一个目的或某种完善的东西，而一个人的将来却是不可预见的。如若这样，我们就可以在活着的人们中间，把那些享有并

---

① ［德］康德. 实践理性批判［M］. 韩水法，译. 北京：商务印书馆，2000：31.

将继续享有我们所说的那些善事物的人称为至福的人，尽管所说的是人的至福。①

在将善拉回人的生活世界的同时，他定义了属人的善，"人的善就是灵魂的合德性的实现活动"，从而强调了人的在世行动对人获得德性的重要意义。"不以高尚的行为为快乐的人也就不是好人。一个人若不喜欢公正地做事情就没有人称他是公正的人；一个人若不喜欢慷慨的事情就没有人称他慷慨。"②

经验论道德观强调人在世的时间中，通过行动向世界展开自己，在展开的过程中领会意义。行动是人在世的存在方式，也是人领会与获得意义的方式。因而，意义与价值不是外在于人的时间中的，而是隐匿在人由生到死的过去、当下、将来的时间展开过程之中。作为动词的"经验"（近似于海德格尔的"操心"），是人在这个过程中的行动方式；作为名词的"经验"是人在这个过程中的负载。因而，人是历时性的存在。

但如上所述，人的心理学时间是由过去组成的，是由经验过的活动与事件组成的。这意味着，我们所发现的善或者德行，是蕴含在过去中展开的。海德格尔说："历史是生存者的此在所特有的发生在时间中的演历；在格外强调的意义上，被当作历史的则是在共处中'过去了的'而却又'流传下来的'和继续起作用的演历。"③

在人的时间中，过去以特殊的方式来到现在，并延展到未来。但是，并非所有的过去，都会来到当下。人作为一种文化自为的存在，会对过去的经验进行选择性携带。我们努力并希望随我们来到当下的，是在对过去经验的领会中，被选定为好的、有意义的、表达着某种秩序的东西。正是人对自己过去经验的选择性行动，让过去具有穿越时间的生命力。但是，我们并不能说，所有的当下，都是人选择的结果。

在人的经验性时间中，由于当下相对于过去总是处于道德失序的过程中，因而，这样的看法导致我们认可的道德总是存在于人的过去中，因而

① ［古希腊］亚里士多德. 尼各马可伦理学［M］. 廖申白，译注. 北京：商务印书馆，2012：29.

② ［古希腊］亚里士多德. 尼各马可伦理学［M］. 廖申白，译注. 北京：商务印书馆，2012：23.

③ ［德］海德格尔. 存在与时间［M］. 陈嘉映，王庆节，译. 北京：生活·读书·新知三联书店，2012：429.

导致我们总是感觉过去比眼下更道德。这是一种厚古薄今的道德观。所以，人们会发出与卢梭类似的感叹，"我们的灵魂是随着我们的科学和我们的艺术之臻于完美而越发腐败"①，认为道德与科学技术进步是一个二律背反的命题。

而个体经验论道德观所面临的攻讦，除了会导致溯古和伤逝的悲观情绪，更为严重的，是认为这种从过去中发现意义的思路，一定会导致个人功利主义，最终会走向价值虚无主义。虚无，是所有热爱道德与追求内心秩序的人不可以接受的。

### （三）相对论道德：宇宙时间内的"和而不同"

在理论界，相对主义不是一个具有积极意义的词，各种理论的倡导者似乎都很谨慎，不愿意被贴上这样的标签。而最容易让人与相对主义联系起来的，要数社群主义的道德观了。

严格来说，社群主义的道德观是以人的心理学时间为视野的，或者说也是一种经验论的道德观。只是相对于个体经验论道德观，它更多关注个人在自己过去的经验中发现意义。社群主义道德观的立论前提是：人在形式上看上去是个体式的独立存在，但在精神文化的意义上，是社会性和群体性的存在，因为"自我不得不在社会共同体中和通过它的成员资格发现它的道德身份"②。

正是在将道德看成是人的时间中的事件，但又打破将人看作独立存在的单子，把人看作置身于文化与社会整体文化系统中的存在，社群主义强调了历史文化传统在人的德性建构中的重要意义。

因为在这个意义上，个体人的过去并非是他个人的过去，而可以是他所在（这里的在是一种精神视野的在，而非物理空间的在）的群体整体的过去。他的过去在文化的意义上不可能是他个人的历史，而是一个群体的精神历史，"因为我的生活的故事，是永远被包含在我得到我的身份的那些社会共同体的故事中的"。因而，随着个体来到当下的，并非只有自己的过去（经验），在他的经验回顾中，往往不仅涉及自身的过去，而且也

---

① ［法］卢梭. 论科学与艺术［M］. 何兆武，译. 北京：商务印书馆，1997：11.

② ［美］A. 麦金太尔. 德性之后［M］. 龚群，戴扬毅，译. 北京：中国社会科学出版社，1995：279.

会包括他者的经验（过去），是他人和社会中的"我"的共同史。而且，"我们个人自己的生活的历史在一般的和特征的意义上，也是包容于一些属于传统的更大更长的历史中，也只有依据这些更大更长的历史才可理解"①。在这个意义上，一个人的文化与意义的根基，是扎根于他所在的文化与历史传统的，割断了这个传统的根基，人的精神与道德就成为断了线的风筝，无所依傍，看上去飞得很高，但却失去了归所。所以托克维尔说，当"过去不再把它的光芒照向未来，人们的心灵在晦暗中游荡"②。所以，孔子倡周礼，孟子也常谈三代之德。在这个意义上，修史意味着去看过去的人是如何度过他们的生活的，如何面对与处理他们所面临的与自己相似的社会及人生问题。而今天的我们，实际上由于很长时间的文化断裂，已经处于失去文化与精神之根的焦虑之中，这也是我们今天谈"中国人精神基础重建"的原因。

超越我们所在的文化，放眼全球，我们会发现，世界存在着有着不同历史与文化传统的群体，或者说他们有着各自的时间与空间世界，并按自己的方式运行与前进。如同我们放眼宇宙，看到各星球在按自己的时间与空间运转，各安其道，并行不悖。

依照这样的阐释，应该可以得出以下推论。

第一，人类的文化世界是多元的，存在着来源于不同历史与传统的文化共同体。

第二，不同的文化共同体因为有自己的传统，有自己的生活的根基与轨迹，各自在自己过去的传统中的辨析与选择中，寻找着当下生活的秩序与意义。

第三，不同的文化共同体各行其道，和谐相处。

大家对社群主义道德观的反对，一方面因为它过于强调社会共有的传统而淹没个人的差异性，另一方面因为它过于强调社群的传统而在一个更大的文化范围内导致普遍价值的缺失，即导致文化与价值的多元，从而走向文化与价值的对立、冲突。

---

① ［美］A. 麦金太尔. 德性之后［M］. 龚群，戴扬毅，译. 北京：中国社会科学出版社，1995：281.

② 转引自［美］汉娜·阿伦特. 过去与未来之间［M］. 王寅丽，张立立，译. 南京：译林出版社，2012.

这样的批评基于三个前提：一是只有普遍统一的道德才可以造就人的秩序、和谐、正义的生活，才是美好的；二是有差异的、多元的文化之间会发生冲突与对立；三是不同的文化与价值共同体间是封闭的。这样批评的前提，与人类社会的历史与现实并不一致，原因如下。

第一，人类的文化历史向来是多元的，人类的文化史就是不断发现更多的"元"，即文化与价值共同体的历史（包括东西方文化在发现对方前可能都认为只有自己这一元文化）。

第二，多元间不必然意味着冲突。实际上，在人类历史上的大部分时间中，不同价值的文化共同体是各安其道、和谐相处的，冲突与对立是局部与暂时的。

第三，文化与价值的冲突根源不在多元，而恰恰在于一元价值与文化的观念。正是在一元文化与价值（普遍与绝对的善）观念推动下，产生出的文化与价值体系的优势感和改造其他文化与价值体系的冲动，导致了不同文化与价值产生冲突。

第四，文化与价值共同体间是开放的，人类文化发展史不仅是各个文化共同体的发展史，而且同时也是多元的文化共同体相互交流、共同发展的历史。

当然，绝对或者普遍主义的道德观拒绝用历史事实的思路来确证普遍价值的合理性，但除了历史上的绝对精神与普遍价值的设想，它无法证明自己的合理性，因为从逻辑上说，它所推崇的逻辑论证，是无法推导出不包含在大前提中的结论的。

## 三、时间观念与道德教育

道德教育，不管是理论还是现实，都基于一种或清晰或模糊的道德观或者时间观。换言之，不同的道德教育主张背后，事实上都有着关于道德时间性的假设。厘清其背后的时间观假设，可以帮助我们更好地理解我们的行动。

绝对的或者普遍主义的道德教育，植根于绝对时间与道德观念。因为认定普遍道德如同客观的时间一样，超越于人的生活之外，来源于一种绝对精神或者神似理念，自然会导致一种接受主义或者灌输式的道德教育。

这里所说的接受主义或者灌输式的教育，不是基于教育的过程、手势和手段而言的，而是针对其要受教育者接受存在绝对和普遍的真理与道德这一观念而言的。有时候，这种普遍的真理与道德被认为具有确定的内容，这种情况下，教育的方式与方法常常与背诵以及各种各样的强制相伴。有时候，这种普遍真理与道德被看作我们永远不能完成的使命，这种情况下，道德教育的过程与方式也会以各种温和的方式，如聊天、讨论、探究等方式进行。

个体经验论的道德教育，植根于个人的时间与经验的道德教育。将道德作为人的时间与经验中可以找到的价值，而非外在于人的绝对存在，这种观念下的道德教育会表现出对个体价值选择与观念的尊重，如在 20 世纪新教育运动中出现的教育倾向，以及兴盛一时的价值澄清理论。它们以对个体需要、个体选择的尊重作为新的教育与道德倾向，将帮助学生厘清自己认可的价值选择作为教育的目标与任务，排斥绝对与普遍道德的传授和灌输。也许有人认为，对个体需要的关注很难归结到个人过去经验的思路上来，而应该是个体当下的一种状态。但是，"当下永远是过去的到来"，当"当下的需要"已经确定时，它已经是过去了，因而，当下永远是由过去组成的。另外，从需要的形成过程来看，需要的内容永远是由过去所完成的，如我现在想吃饭，是由于我过去一段时间没有吃饭；我现在想见到某个人，是因为我在过去的某个时间跟某个人建立了一种关系；我当下想去帮助一个人，可能是因为过去他帮助过我，或者因为我过去接受了以善待人的某种观念，等等。这种道德教育从过程上看常常是以陈述、分析、辨识、澄清为主的，而教育的内容，往往是以受教育者自己的生活与个体经验为主的，看上去友好而亲切，一如当下我们的道德教育所做的努力。但往往在过于切近的当下中，我们很难发现其意义，更多发现的是个人的感受，所以容易迷失方向。因此，澄清是其所是，并不等于接近是其应是。

群体经验论的道德教育，体现相对论的时间观念，主张不同群体有自己的过去与传统，并应该在自己的历史与传统中发现意义。这也意味着，不同历史与传统有自己相对独立的文化时间与空间，有自己相对独立的文化与意义解释系统。而处于一个历史与文化传统中的道德和价值，应该是不断延续的。在这种时间与道德观念指导下的道德教育，会努力寻找自己所在历史与文化中的意义传统，并将教育作为传承这种传统的过程与方式。这是许多当代哲学家努力挖掘自己所在文化传统，主张在教育中加强这些传统的内在原因。以回到传统的方式建设当下的精神，反倒是社群主义者（如麦金太尔）与部分自由主义者（如阿伦特和纳斯鲍姆）共同的思路。在中国，虽然不断传出教科书中删除过去的故事（如狼牙山五壮士）的做法，但也不乏读经运动的倡导者与艰难的努力者。在狭义道德教育的视野内，也许里考纳（Thomas Lickona）的品格教育，更接近这种思路与主张。不管对它有多少种批评，在坚持将个体放置在一个整体文化情境中这一点上，应该是我们整体宇宙观的一种镜像。而从品格教育所面临的挑战与指责来看，这一思路所面临的最大的困难，是获得大家认同的传统内涵，以及用更加灵活与自由的方式引导学生理解并承继这种传统。

如果暂且不考虑他们所主张的具体的道德传统内涵的合理性，就其思路而言，它是否是一种文化保持与建立秩序状态的可靠思路呢？毕竟，除了过去（包括自己的与他人的），在精神上，我们别无所依；除了我们周围世界的他者，作为社会性的存在，我们别无世界。

我们当前的道德教育强调从生活中来，回到生活中去，是将我们的道德观建立在人的时间（而非绝对时间）观念的框架内。这样做的时候，不可以遗忘：人的时间，不仅是个体的过去，而且包括个体所在群体整体的过去；也不仅是个体切近的当下的生活，而且包括整体社会遥远的生活。因为只有在整体过去的略为遥远的生活中，我们才能发现自己所在的传统及文化的意义。这样做的时候，不用惧怕会被划到道德相对主义的阵营里，因为宇宙中的时间与道德，原本就是相对的、个体化的。各安其道，和而不同，是宇宙的秩序，也是宇宙间的人的秩序。

# 后生活化时代的学校德育及其制度困境[①]

南京师范大学道德教育研究所　齐学红

回归生活的道德教育是在生活中、为了生活、引领生活的教育，"后生活化时代"是指以回归生活为核心理念的道德教育的现代转型，它以本世纪初品德与生活（社会）课程标准（实验稿）的制定与新教材的实施为标志，进而引发了教师角色、课堂教学等一系列深刻变革。具体表现为：回归生活的道德教育对教师角色提出了新的要求，要求教师关注生活，并对现实生活加以价值引领；生活化之后的德育课堂打破了学校与生活之间人为设置的围墙，使教学走进了生活，教师不再是站在生活之外一味说教，而是把自己的生活融入其中，在生活层面与学生开展对话与交流，甚至是经验的分享；课堂本身是生成性的，教学与生活之间相互贯通而非外在游离；教学本身充满了趣味性等。但是这样的变化还只是停留在部分学校的品德课教学过程中，道德教育改革所需要的整体学校环境氛围尚没有发生实质性的变化，进而导致很多人对道德教育改革感到茫然。回归生活的道德教育改革既非如理论工作者想象得那样深入人心，也不像基础教育课程改革那样有着强大的行政推动力。在改革所需要的社会环境、舆论氛围尚不具备的前提下，后生活化时代的学校德育究竟遭遇了怎样的实践逻辑和现实困境呢？

---

　　① 本文系 2011 年度教育部人文社会科学重点研究基地重大项目"青少年交往与道德学习的社会学研究"（项目批准号：11JJD880019）系列成果之一。

## 一、话语实践①：学校德育的能指与所指

在学校场域中，"学校德育"概念的使用范围远比"道德教育"要广泛和普遍，它至少在三个层面被广泛使用。

一是作为学校行政工作一部分的德育工作，同教学工作、后勤服务工作并列为学校三大工作。学校德育虽然在形式上居于首要地位，但在学校的制度框架下，德育工作被列为独立于教学工作之外的行政系统，被人为地从教育中抽离出来，其形式意义远胜过其实质意义，德育工作进而成为上级主管部门对学校进行考核评价的重要内容。

二是构成学校教育内核的育人工作，广泛存在于学校教育的方方面面，具体表现为教师的教书育人工作、班主任的班级教育工作、学校管理育人和环境育人等方面。实质意义上的道德教育广泛存在于师生之间的交往性活动中。但在教师专业化背景下，教师作为教育者的角色被代之以学科教师的专业身份，作为一支特殊教师队伍的班主任则被建构成为全面关心学生的"首席教师"，其育人功能被人为放大到无以复加的重要位置。随着班主任专业化进程的不断推进，学校教育系统中"教学、教育、管理"三分天下的格局得以合理化，此可视为班主任专业化的悖论之一。

三是以学科教学为载体或主渠道开展的道德教育。既包括在各科教学中普遍强调的教学的教育性，也包括主要以品德课或政治课为载体开展的道德教育。

学校德育内涵的歧义性，以及在行政话语、实践话语、理论话语等多重话语力量作用下学校德育的复杂性，导致道德教育能指与所指的分离。

具体而言，行政话语下的学校德育主要体现了政治与教育的关系，以及国家政治意识形态对学校道德教育的控制。政治意识形态对学校德育的控制通常借助于学科的逻辑得以实现，具体表现为中小学德育中不断添加的各种服从于国家政治需要的德育内容，即凡是强调某个内容的重要

---

① 话语本身构成一种实践活动，尤其是在中国当下的改革语境下，话语的力量往往胜过行动的力量，人们将言说视为一种对待改革的态度或立场，进而竞相表达，而言说往往比行动来得更为直接，更容易显现。对于道德教育改革而言，这种现象尤为值得关注。如何将言说化为具体行动，如何改善学校的育人环境，是道德教育改革必须面对的现实问题。

性，便将其纳入学科知识体系中，道德教育也不例外。同时，政治意识形态的作用具体转化为一系列对教师、学生的考评制度，进而实现对教师、学生身体与心灵的规训与控制。这样的生存逻辑强化了学校教育对国家政治的依附性，而通过课程、教材、教学系统实现的道德教育仅仅具有形式意义。

实践话语下的学校德育直接体现为应试教育背景下学校、教师对于自身生存策略的谋划，凸显了道德教育的当下性与现实性，即学校德育实践既要服从于国家政治意识形态的宏观控制，又要服务于学校、教师的切身利益，在新课程改革背景下还要受制于专家系统的话语霸权，在"怎样上课、讲什么、怎样讲、如何评价"等与教师职业生存紧密相关的"专业"问题上，往往失去了独立的话语权，很难发出自己的声音。学校德育实践总是日常化地处于国家政治的无条件干预，教育行政部门的直接介入，以及学校、教师自身利益的现实考量的裹挟之中，道德教育的形式与内容、能指与所指、知与行之间经常处于分裂或游离状态。学校道德教育本身构成一个充满矛盾的复杂的混合体，成为国家、社会、学校、个人多方力量共同作用的结果，绝非理论形态那样条分缕析、简单机械。

理论话语下的学校德育、道德教育凸显的是道德教育的超越性和理想性，总体上呈现出全球化背景下对于国际先进道德教育理念的盲从，以及对中国当下德育实践总体性经验缺失的状态，大多从事着理论话语自身的生产，对于教育实践的关注度和影响力则远远不够；因缺少必要的实践关怀，其话语实践更多的是研究者的自说自话。

总之，学校德育或道德教育能指与所指之间的分离，导致人们在同一话语体系下可能从事着完全不同的事情，进而构成道德教育改革区别于其他领域教育改革的独特性。学校道德教育改革正是处于上述三种话语实践以及背后不同力量的交互作用之下，如果对学校德育的内容做静态分析，则呈现出"夹心饼干"式的层叠结构，既有上级教育主管部门所需要的各种形式化的德育内容，又有学校层面各种被理论标签化的"学校德育创新工程"等，还有学生行为层面看似科学的各种量化考核指标体系。所谓"学校德育创新"，不过是在已有制度框架下的形式填充，很难形成一套上下贯通、不受外界影响的学校德育实践系统。对于学校改革实践而言，道德教育改革不是为了寻求一套放之四海而皆准的普遍规律，或者供其他学校效仿的一种或几种"德育模式"，而是如何形成体现学校自身文化基因和办学特色、已有道德教育资源的"地方性知识"以及具体的实践策略。

## 二、既有观念：教师的道德前认知

为了了解新课程改革背景下教师的道德认知及其观念是否发生了相应的变化，笔者以"你理解的道德、道德教育；你在德育工作中的问题与困惑"为题，在江苏太仓实验小学分别对品德课教师、学校管理者、班主任开展了一项实地调查研究。① 调查发现，教师对道德的理解仍然停留在传统的道德观基础上，即道德是外在的行为规范与道德约束，是先于人而存在的，人对于外在的规范只能被动接受与服从；道德长期作用于人的结果是，由外在的约束内化为人的行为习惯。这与新课程提倡的生活德育观，即有什么样的生活就有什么样的道德，显然还存在一定距离。教师对道德教育的理解也各不相同，其内容涵盖了社会教育、养成教育、公民教育、做人教育等方面。教师对道德、道德教育的前理解、前认知直接影响其道德实践。它告诉我们，人们对道德、道德教育的理解并不存在一个唯一正确的答案或标准，因此，道德教育改革的实践指向也一定是多维度、多层面的。回归生活的道德教育改革仅仅指明了改革的方向，具体落实到每位教师的教育实践中一定是各不相同的。基于生活的多样性、开放性的道德教育改革一定也是开放的、多元的。

调查还发现，新课程改革后教师在品德课教学中面临的许多问题是前所未有的，而这些问题远远超越了品德课学科教学和学校教育的边界。当道德教育向全部生活以及生活的完整性开放时，扑面而来的现实生活使得以往以学科教学为职业归属和职业内涵的传统教师角色受到了挑战。教师在教学中遇到的问题大致包括：家庭教育问题，如隔代抚养，家长的责任心、思想观念等；学校教育问题，如学校德育说教太多，体验太少；学科教师作为德育工作者的角色缺位，学校、班级育人环境营造问题；品德课自身的教学问题，如教材内容不切合实际，脱离学生生活，导致学生言行

---

① 调查资料由江苏太仓实验小学钱澜校长收集整理，在此致谢。

不一，知道如何做，但无法落实到行动上等。

由此可见，教科书的变革仅仅提供了道德教育走向生活的一条路径，后生活化时代学校德育面临的诸多新情况、新问题，是教科书难以穷尽的。如学校德育如何发挥对现实生活的引领作用，品德课如何与现实生活、学生个体生活相联系等，则需要教师有较强的责任意识、较高的教学艺术和教育教学智慧。

总之，从教师对于道德、道德教育的既有观念，到后生活化时代面对的德育问题与困境可以发现，无论是在观念层面还是角色定位上，作为德育工作者的教师还远不能适应回归生活道德教育改革的需要。如果没有适时的针对性引导以及一定的制度设计作为保障，单纯依靠教师自身的力量将很难适应这样的转变。而转化教师观念、角色意识与教育行为的任务由谁来完成？是理论工作者、学科专家，还是教师本人？学校在整个社会环境、学校环境的营造中究竟有何作为？回归生活的道德教育改革无疑是一项复杂的系统工程，单靠某一方面力量将难以完成。道德教育改革还有很长一段路要走，而人的转变要比文本的转换更为重要，也更为艰难。

## 三、考试化生存：学校德育的实践逻辑

在中国当下的学校教育实践中，任何改革都必须以不影响学校的升学考试成绩为前提。学生考试成绩既是上级教育主管部门衡量和检验学校发展水平的硬指标，又是衡量一项改革成败的重要依据，即改革必须是低成本或零成本的，从教育管理的层面考量，必须把改革的风险降到最低。这里的"风险"是指一个运转良好的教育教学秩序，即学校不能乱，一乱就要出问题。为此，国家出台了一系列关于校园安全问题的规定，各级教育行政部门更是层层落实，不敢有丝毫懈怠，学校也把校园安全放在头等重要的位置。只要能把学生考试成绩搞上去，可以不计成本和代价，包括牺牲学生的休息时间和身心健康。一切可以达成学校升学目标的举措都可冠以改革的名义，并作为学校德育创新的典范，如江苏的"县中模式"、山东的"杜郎口经验"等。其内在逻辑是，对于那些有着骄人升学成绩的学校而言，学校德育工作一定也是可圈可点，值得大做文章的。如学校德育特色是什么？优异的成绩是如何取得的？这是那些被评为四星、五星级学

校的校长们需要不断思考的问题。优异的升学成绩一定可以与学校德育工作之间画等号，或建立起必然的联系。成绩好可以说明一切，应试教育要取得其合理合法性，就一定要披上素质教育的外衣。反过来，学校德育或道德教育在学校教育中的合法地位，一定要体现为应试教育服务的目的，否则，就会被视为不务正业。这成为基础教育改革的行动逻辑。在现行教育评价体系下，学校德育成为学校求生存、求发展的应对策略，而作为德育目标的学生发展问题则从目的降格为手段，取而代之的是学校利益、教师利益的现实考量。于是，打着全面关心学生身心健康旗号的学校德育，无疑成为学校面对外界宣传时必不可少的文饰——锦上添花之术。关注学生的身心健康不是作为学校教育的本意，而是学校正在实施的一系列强制性、压迫性教育手段和措施自我合法化的借口和自我辩护的口实。学校德育的考试化生存策略具体体现在以下方面。

**（一）维稳：学校德育的生存底线**

如果说道德教育的全部即生活本身，那么，道德教育改革就是对生活的变革与改造。而我们在学校场域中经常看到的是道德教育对于真实生活的扭曲和强暴，如应付各种各样的检查、教学生公开作假等。一方面，学校里的问题层出不穷；另一方面，学校作为一个利益群体，却不希望受到外界尤其是媒体的过度关注。维稳成为学校对教师尤其是班主任的唯一要求，学校秩序问题、学生安全问题成为学校的头等大事。在一系列校园安全事件中，学校作为责任方，往往会受到来自家长的胁迫进而陷入一系列法律纠纷之中。一方面，教育主管部门大力提倡抓素质教育；另一方面，又用各种检查评估考核学校，给学校排名，最终导致学校疲于应付各类检查而在道德教育上普遍不作为。一方面，品德课的改革要求向生活拓展延伸；另一方面，学校真实的生活以及现实的生存境遇又把这门与生活相关联的课程逼到一个可有可无、无足轻重的地位，致使改革成果只能停留在品德课堂，尤其是作为公开课的表演课中，学生的发展、学习的兴趣这样一些核心的教育元素，仅仅是作为改革堂而皇之的借口，却不能真正成为学校工作的重心。为此，学校道德教育改革只能沦为应付上级检查的表面文章而已。

### （二）求变：对于社会资源的谋取

学校道德教育改革经常打着德育创新的旗号，其实质是对教育资源包括学校资源、社会资源、家长资源的主动争取与获得。在德育创新的名义下，学校通常会采用以下生存策略。

1. 锦上添花策略

在应试教育背景下，在生源大战、分数大战的残酷竞争中，通过抓德育工作为学校赢得新的社会资源和发展机遇，往往成为一些薄弱学校摆脱困境的发展策略。比如，某市小班化教育正是在这种背景下为薄弱学校寻求的一条新的发展出路，即变薄弱学校生源不足的先天缺陷，为"关注每一个孩子，为每一个孩子提供优质教育"的后天优势，并将"让家长在名校与小班化学校之间举棋不定"作为学校的发展目标。然而，小班化教育的成果并非如外部环境的改善那样容易见到成效，小班化学校的师资力量与学生生源素质很难在短期内得到根本改善，但是教育主管部门对学校的评价最终仍然落在考试分数上。因此，德育工作对于学校的生存与发展而言，只能是锦上添花，而不可能是雪中送炭。

2. 变色龙策略

面对来自上级主管部门的应接不暇的各类评估和检查，许多学校普遍采取了一种变色龙策略，即打着德育创新和改革的旗号，上级教育主管部门需要什么，学校即打造什么。为此，学校德育工作总是创新不断，创新工程层出不穷。然而，不管花样怎样翻新，万变不离其宗，就是以完成上级下达的升学考试指标作为学校一切工作的着重点。此也可谓学校德育的不作为策略。

3. 戏仿策略

在道德教育改革进程中，一方面，少数改革精英努力冲破现有体制的束缚，以自我牺牲的精神，甚至是牺牲一些既得利益者的群体利益，力排众议，坚定不移地推进改革，此可谓真改革；另一方面，则是多数人在对现行体制无奈、无助的情况下，或采取一种游戏化方式，或以一种庄严的方式，有意无意中将现有体制的弊端推到极致，导致令人啼笑皆非的效果，此可谓戏仿策略。例如下面的课堂教学。

师："红旗为什么是红的？"

生："因为它是红颜色的。"

师："这个红颜色是怎么来的？"

生："染的。"

师："谁染的？"

生：（犹豫了一会儿）"不知道。"

正在老师想要告诉学生答案时，一个学生激动地举起手来："老师，老师，我知道，是无数革命先烈用鲜血染成的。"

老师释然，让全班同学为他鼓掌："棒，棒，棒，你真棒！"

师："五星红旗是伴随着什么升起来的？"

学生沉默。

"想想你们刚才看到的画面。"老师提示。

一个学生激动地站起来："老师，老师，我知道，是随着那根线一起升起来的。"

师："胡说，不对。是伴随着国歌一起升起的。你没有看到'国歌声中，冉冉升起'吗？"

学生无语。

师："升旗时，我们该怎么做？"

生："要敬礼。"

师："敬什么礼？"

生："少先队队礼。"

师："不对，是行注目礼。"①

这样一种以严肃的方式进行的国家意志教育，对于刚刚走进校门的小学一年级学生而言，究竟意味着什么？这样一些神圣崇高的政治话语从充满童真的孩子口中说出，不禁令人啼笑皆非。这种从小学生入学开始持续不断地对学生进行着的国家意志和道德观念教育，在他们今后的学习生活中不断地重复上演，直到他们长大成人后的某一天，突然间发现，这样的说教式教育一直将天真烂漫的他们蒙蔽了若干年，直至扼杀了他们的想象

---

① 选自 2010 年下学期笔者执教的南京师范大学教育博士课程"质性研究之课堂观察"作业："课堂中的规训——对一节小学一年级语文课的观察与思考"（王坤）。

力和创造力，把他们训练成为国家机器而不自知，而这样的规训与惩罚过程在今天的学校教育中仍不断上演着。

## 四、路径依赖：道德教育改革的制度困境及其超越

用于解释制度变迁的路径依赖理论①或可解释道德教育改革面对的制度困境。路径依赖理论背后的社会机制——回报递增及正反馈效应，以及与之相关的"制度惯性"、庞大的制度运行成本（表现为各级各类学校的行政化组织机构，使得学校更像一个庞大的官僚机构）、"制度再制机制"等制度经济学与政治学概念对于解释道德教育改革所遭遇的特殊制度困境有一定的启发借鉴意义。综合上述对学校德育现实的具体分析，现将品德课或学校道德教育面对的制度困境归纳如下。

第一，国家政治意识形态的控制，使得这门课程的改革不可能像其他自然学科一样完全遵循学术逻辑，政治的禁忌依然存在。

第二，学校的考试化生存体制，使考试成绩成为教育行政部门评价学校、学校评价教师、教师评价学生的唯一标准，进而导致学校教育整体育人功能的边缘化。

第三，道德教育改革的路径依赖使得由品德课课程标准与教科书改革引发的教师观念、行为、教学方式等诸多变化，因受制于学校制度的整体设计与安排，最终无论是各个击破还是整体变革都很困难。

具体而言，品德课改革作为新课程的重要组成部分，是在课程改革的整体框架下进行的，其运行仍延续着学科教学的内在逻辑。改革前后的区别在于，改革前的品德课遵循的是知识中心的内在逻辑，传授的是普世性的道德知识；改革后的品德课遵循的是生活德育的内在逻辑，强调一切从儿童的生活出发，通过教学，引领学生过有道德的生活。希望借助品德课课程改革推进并达成学校德育的整体改革，即由局部变革带动整体改革，这样的改革思路以及实际效果的达成完全依赖于学校主管校长的思路

---

① "路径依赖"意味着过去的制度遗留能够限制当下制度创新的可能范围以及可供选择的创新方式。"路径依赖"概念被用来强调制度革新者所面临的限制。见［美］凯瑟琳·西伦.制度是如何演化的——德国、英国、美国和日本的技能政治经济学［M］.王星，译.上海：上海人民出版社，2010：29.

和理念，即校长要懂得教育规律并按规律办事，而不是完全听任上级行政领导的摆布，这在当前中小学行政化管理趋势愈演愈烈、校长办学自主权日益缩小的制度环境下实属不易。

　　而摆脱制度困境的可能路径大致包括两个方面。一是在现有制度框架下，维持品德课在学校知识系统中的边缘化现状，在有限的条件下，如个别学校、教师、班级、课堂等单一维度进行持续性的变革，进而对总体性制度发挥潜移默化的影响作用。这样的改革只能是静悄悄的革命，需要长时间、持之以恒的努力，在"结构与主体"的维度上更多地依赖于主体的力量。二是以学校或区域为单位，进行教育改革的整体推进，如南京外国语学校仙林分校的班级管理体制改革、安徽铜陵的义务教育均衡化发展等。相比较而言，前者的改革对于现有制度的受制性较差，自主空间相对较大，而后者则依赖学校或区域整体环境的改善与改造。而在学校管理体制没有发生根本变革的制度环境下，单纯依靠一所学校以及主管领导的推进，改革是很难长久维持的。改革的路径依赖就是对人的依赖，所谓"一朝天子一朝臣"，改革因为缺少制度的保证而受制于人，或人为的因素和色彩较重，致使改革成果往往很难累积下来，进而采取一切推倒重来的做法。

　　总之，以回归生活为核心理念的道德教育改革基于生活、为了生活，进而指向美好生活的建构。这样的改革势必会涉及学校全部生活的改造，绝不可能仅仅发生在品德课教学中。道德教育改革就是使学校教育、学校生活变得更有道德。尽管道德教育改革更多地体现为教育内容与形式的变革，但是变革不可能在学校场域中独立完成，而是涉及更大的社会体制问题，如与应试教育紧密相连的社会用人制度和分配制度改革，教育主管部门对学校、教师的评价制度等。但是这并不意味着学校教育、道德教育就无所作为。其实，在现实生活中，在班级、课堂、学校生活的微观层面，每时每刻都在发生着这样的变革。改革总是被实践中的人不断创新的，而对于生活意义和价值的不懈追求正是道德教育的精髓所在。例如，面对来自上级教育主管部门的各类检查，学校既可以采取消极应付的态度，又可以积极应对，使之成为促进学校发展的动力；年终总结大会上校长的发言不一定都是表扬、批评和展望未来的程式化演说，而是将教师生活、学生生活的一个个美好瞬间做一个精彩回放，在美妙的音乐声和一个个精彩画面中，让教师体会教师职业的幸福感。班会也不必是班主任的一言堂和变相训斥，而是教师走进学生心灵世界的探索之旅，在一个个精心设计的活动中，班主任找到打开学生心灵的钥匙，打开那些用传统方式无法打开的学生心结。学校教育总体性的变革往往就蕴含在这样一些美好的瞬间，进而凸显主体的实践活动及其价值。改革作为一项累积性的社会事实，不可能是推倒重来，而是经历着一个复杂的蜕变过程和文明演进过程，道德教育改革更像戴着枷锁的舞者，在沉浸于自己美妙舞姿中的同时，忘记身上的重负和实际上的不自由，在释放自己的同时也在一定程度上解放自己的身心。

# 从绘画符号看城乡学生之差异[①]

南京师范大学道德教育研究所　易晓明

城乡学生是生活在不同社会环境中的两个群体。那么他们面对同样的事件和情境会有什么不同的感受和理解呢？他们不同的生活情境、不同的社会阶层地位、不同的社会交往活动等，有没有对他们的心智发展产生影响呢？如果有，这些影响会表现在哪些方面呢？带着这些问题，笔者开始了本研究。与以往一些研究不同的是，笔者不是通过介入研究对象的日常生活来进行实地观察、访谈等，而是通过主题画的形式，分别对城乡儿童的美术作品进行深度解读和比照。之所以采取分析绘画的方式，是因为艺术在解读人们内心世界中所具有的独特价值。艺术作品就是一个可观、可感的符号体系，相对于语言符号，这种形象的符号不仅能够生动地再现和表达创作者的所见、所闻、所感，而且有时能更真实地流露出创作者已经化为潜意识的内在经验和感受。图画心理学认为，图像比文字能更好地反映人们内在的、潜意识层面的信息，所以将图画看作一种投射，是公开的隐私。

对于儿童而言，艺术更是他们描绘世界、表达自己情感与思想的另一种语言。不仅如此，艺术同样也是一种心智活动，它需要儿童整合内在的感知觉、经验，思考用何种艺术形式和材料进行创作，这一过程反映了儿童的身心发展状况。所以，通过主题画，我们不仅可以发现城乡儿童各自的审美感受和艺术表达水平，而且能够了解他们的内心，他们与他人、与周围环境、与整个社会的关系。正如美国著名的艺术治疗专家罗宾所说：

① 本研究由国家社科基金项目（项目批准号：10BZX075）、教育部哲学社会科学重大攻关课题（课题批准号：09JZD0009）和南京师范大学学前教育学国家重点学科资助。感谢为本研究提出建议的南京师范大学教育科学学院高水红老师及参与教育社会学沙龙的老师和同学。

"艺术具有一种象征的潜力，不仅可以表征内部事件，也可以表征人际互动，并且可以将许多经验、情感和知觉浓缩到一幅绘画作品之中。"①

根据方便取样的原则，本研究分别在江苏省城乡选取了两所小学，每所小学选择了两个五年级班级，共计城市学生95人，乡村学生75人。城市小学是一所具有悠久历史的重点小学，学校周边人文环境好，学生大多来自于城市中产以上家庭。农村小学是一所典型的村小，学生家庭情况通常是父亲外出打工，母亲留守务农、照顾孩子。研究者给予城乡学生两个主题，一是幸福，二是上学。每个主题分别由城乡小学各一个班级来描绘。要求学生在没有家长和老师辅导的情况下，用绘画（着色材料不限）来描绘和表达自己对某个主题的理解，然后用约200字的文字对自己的绘画予以说明（添加文字是为了避免研究者对儿童绘画符号的误读）。之所以选取五年级的学生，是考虑到他们对这两个主题会有自己的理解和看法，并且经过几年的学校美术教育，已经具备了一定的绘画表达能力。

本研究对儿童作品的解读框架主要借用符号学中对符号的分析。语言学创始人索绪尔（Ferdinand de Saussure）将符号看作能指和所指的统一，能指是符号的表示成分，所指是符号的被表示成分。② 对符号的解读就是一个由呈现能指到揭示所指的过程。所以研究者对城乡儿童绘画作品的解读，不仅要在能指层面阐明他们画了什么，用了什么艺术元素和形象去描绘所画内容，而且要揭示这些绘画符号背后可能反映出的城乡儿童不同的内心世界。

## 一、绘画符号的内容：丰富、具体与单一、笼统

幸福是一个抽象的主题，它可以给学生较大的理解和想象空间。从作品来看，基于五年级学生的生活经验和身心水平，城乡绝大部分学生将幸福理解为亲情的温暖和期盼。他们对幸福的描绘大多是日常生活的场景。描绘的主要内容见下表。

---

① ［美］凯西·玛考尔蒂. 儿童绘画与心理治疗——解读儿童画［M］. 李甦，李晓庆，译. 北京：中国轻工业出版社，2005：47.

② ［法］罗兰·巴特. 符号学美学［M］. 董学文，王葵，译. 沈阳：辽宁人民出版社，1987：30.

表1　城乡学生描绘的"幸福"内容比较

| 学生比例 \ 描绘的内容 | 城市学生（总人数46） | 农村学生（总人数41） |
|---|---|---|
| 幸福是一家人在一起 | 46% | 66% |
| 幸福是父母给予自己的爱 | 37% | 10% |
| 幸福来自个人的成长奋斗 | 7% | 0 |
| 幸福是同伴在一起 | 2% | 10% |
| 幸福是人与人之间的关爱 | 4% | 7% |
| 幸福是两个人在一起 | 0 | 5% |

在"幸福"主题中，城乡学生作品中的人物形象绝大部分是父母和自己，有个别学生作品中还出现了祖父母、同学，农村学生的作品中还有兄弟姐妹形象。除此之外没有其他人。这说明对于五年级的学生来说，他们的幸福体验主要还是来自家庭亲人之间的关爱。作品中的人物组合以爸爸妈妈和自己三人在一起的最多，而且几乎全是自己在中间，父母在两旁，人物大小基本没有区别。父母的位置通常是父亲在左，母亲在右。可以说明当前无论城乡，孩子都是家庭的中心、大家呵护的对象，这种中心地位已经在学生的潜意识中留下了印记。

在描绘长辈对自己关爱的作品中，城市学生14幅中有10幅的人物只有母亲和自己，要么是自己生病母亲照顾的场景，要么是下雨天母亲为自己送伞、撑伞的场景。农村学生3幅中也有2幅是母亲对自己的照顾。可见平日里母亲比父亲更多地承担对孩子的生活照顾，学生的幸福来自于自己在最困难时母爱无微不至的关怀。

有17%的城市学生作品中出现伞的形象，而在农村学生作品中更多地出现爱心符号，占37%。母亲下雨天送伞的形象为何成为城市学生印象最深刻的幸福体验呢？按照图画心理学的分析，伞的外形酷似屋顶，似乎能撑起一片天，封闭而非敞开，常常给人安全之感。所以，是否可以说伞的多次出现流露出城市五年级学生内心深处那种心理尚未断奶，依然希望被呵护的潜意识呢？爱心往往象征着爱、关怀，给人以幸福、甜蜜、温暖的感觉。这种形象在农村学生作品中大量出现，让研究者感到农村学生对来自家人，尤其是父母之爱的强烈渴望。

上学是非常具象的，是学生每天都经历的一个主题。城乡学生的描绘内容主要见下表。

表2　城乡学生描绘的"上学"内容比较

| 描绘的内容＼学生比例 | 城市学生（总人数49） | 农村学生（总人数34） |
|---|---|---|
| 校园内场景 | 24% | 26% |
| 进校门场景 | 22% | 15% |
| 上学路上拥挤、堵车的场景 | 22% | 0 |
| 开心上学及路边风景 | 10% | 24% |
| 上学路上的所观、所感、所为 | 6% | 15% |
| 与同伴开心上学的情景 | 0 | 15% |
| 想象中的上学情景和校园 | 6% | 0 |
| 择校现象 | 4% | 0 |

从上表可以看出，城乡绝大部分学生对上学的描绘集中在学校学习以及早上进校门的瞬间。他们画了教学楼、教室、课堂学习、校园活动、升旗、进校门等校园环境和学校生活场景。很多学生把上学看作快乐的事，因为能够在学校里学到知识，结交到朋友。

在"上学"主题中，出现最多的人物形象是泛指的学生人群（农村74%，城市53%），其余是自己（农村26%，城市8%）和教师（农村12%，城市18%），在城市学生中还出现了送孩子上学的父母、奶奶的形象。可见城乡学生都倾向于以众多学生形象来展现学生是上学、学习的主体，也表明学生的群体体验的增强。美国著名儿童美术教育家罗恩菲德（Viktor Lowenfeld）指出，这个年龄的孩子进入了群体结伴期，渴望独立但又希望被群体所接纳，所以在绘画中会表达群体关系。

在上学的图画中，20%的城市学生作品里出现钟表的符号，而农村作品中则没有。作为计时工具的钟表频频出现在城市学生的作品中，不禁让人推想钟表以及由此代表的时间在城市学生的意识中是多么重要和清晰。除此之外，有51%的城市学生作品中出现汽车形象，许多作品以众多汽车的堆砌、红绿灯的计时等鲜活地呈现了城市清晨匆忙而拥挤的场面。所以，在城市学生作品中，较少看到在乡村学生作品中大量出现的上学沿途的风景。盛开的花朵、鲜艳的朝阳、葱郁的树木、欢鸣的鸟儿成为农村学生对上学路上的经验和记忆。

两个主题作品中出现的自然物主要有太阳和云，植物有树、花、草等，动物是小鸟，这些形象符号在儿童画中很常见，所以也成为这两个主题画中学生场景描绘的必要元素。在描绘"幸福是一家人在一起"的作品中，城乡学生大部分以红艳的太阳、飘浮的白云、飞翔的小鸟、葱郁的树木、碧绿的草地、五色的鲜花等营造一家人在户外、在公园里享受大自然的美好景象。可见，走进自然、玩耍嬉戏是城乡孩子共同的幸福感受。很有意思的是，学生对这些自然物或动植物进行了拟人化的创作，比如太阳公公、大树爷爷。从统计看，农村学生更明显些，城市有11%，农村有21%。拟人化的创作可以反映这些孩子还具有泛灵的特征，他们希望这种描绘能够使自然物变得更加生动可爱。另外，从总体看，城乡学生对这些形象的描绘都还存在一定的刻板化现象，比如光芒四射的太阳通常画在纸的左上角或右上角，树主要是冠状树，云大多为棉花团状等，这不禁让研究者看到了美术教学中的简笔画倾向对儿童所产生的不良影响，学生画的这些物象已经缺少了现实中的丰富性，使儿童绘画中的创造性想象缺失了。不过相比较而言，城市学生作品中的这些物象表现要比农村学生丰富些，比如对树的描绘，城市学生有7种，而农村学生只有3种；对太阳的描绘，城市学生有6种，农村学生有3种。

总之，这两个主题的作品可看作城乡孩子不同生活环境、不同经验感受的写照。然而，城市学生的表达内容要比农村学生更加丰富多元化。城市学生不仅描绘看到的、听到的，而且表达想要的、期待的。比如6%的城市学生描绘了理想的宽阔的校园和街道、自由自在地步行上学，以及避免拥挤、用飞机接送的场景。城市学生理解幸福不只是当下的获得和被爱，而且也是来自于个人的成长与奋斗；城市学生不仅描绘自己的生活，而且关注社会问题，比如低碳、择校问题。在对内容的描绘上，城市学生的画面更为具体生动。比如同样是描绘"幸福是一家人在一起"，城市学生比较多地呈现具体的生活场景，如全家人一起郊游、一起读书等，而较多农村学生的画面中仅有父母和自己三人，没有任何场景的交代。无场景某种程度上可以反映出所调查的一部分农村学生缺少和父母在一起的经验与记忆，他们可能是留守儿童，父母常年在外打工，他们心目中的幸福就是期盼着父母回家，一家人团圆。所以以"幸福是父母给予自己的爱"为描绘内容的农村学生明显少于城市学生。由于聚少离多，农村学生较少地感受到父母给予自己在学习与生活中的关爱。在上学的画面中，41%的城市学生作品中的人物附有语言框，而农村学生作品只有6%有。语言框中有学生的所说所想，有教室里发出的读书声，有学校喇叭里传来的国歌声。大量语言框的使用，让人明显感到城市学生不仅想要对上学做客观、静态的场景描绘，而且更想让观者在他们的话语中，感受鲜活的校园生活，聆听人与人之间的交流。这让笔者看了作品有身临其境之感。

## 二、绘画符号的形式：精致、写实与粗糙、平面

艺术的魅力在于它是以生动的形象、艺术元素去表达人们的所观所感。所以符号美学的代表人物卡西尔（Ernst Cassirer）说："从某种意义上可以说一切艺术都是语言，但它们又只是特定意义上的语言。它们不是文字符号的语言，而是直觉符号的语言。假如一个人不懂得这些知觉符号，不能感觉到颜色、形状、空间形式、图案、和声和旋律的生命，那么他就同艺术作品无缘。这样，他不仅被剥夺了审美快感，而且还失去了接近实在的一个最深刻方面的机会。"① 所以，进一步对儿童绘画符号形式进行分析，可以让我们感受到城乡学生是如何用形象、色彩、线条等来描绘他们对主题的理解的。按照罗恩菲德的儿童绘画发展阶段理论的划分，这个年龄段的学生由于知觉能力的提高、逻辑思维的发展，以及群体、关系意识的增强和社会性的发展等，在绘画上首先表现为走出前一阶段的样式化表达（发现对人和环境的明确概念，并用几何形体等样式重复地表达。比如这个阶段儿童对人的概念就是头、身体、腿和手臂，他们就用四种几何形来表示自己对人的经验），开始表现物象的一些特征；其次，画面形象有机联系，画面空间关系更加明晰；再次，色彩运用上能够摆脱前一阶段的机械对应现实，凸显个人对色彩的感情。

1. 事物形象

这个年龄的儿童对物象的描绘不再是千篇一律、千人一面的几何形表

---

① ［德］恩斯特·卡西尔. 人论［M］. 上海：上海译文出版社，1985：213.

达，比如圆头、椭圆身体等，而是能够开始反映人物的特征。罗恩菲德说最明显的是对男女形象的区别描绘，但仍存在一些刻板形象。这点在城乡学生的作品中得到了非常好的体现。绝大部分学生都力图通过头发、穿着来区别男女，比如女孩扎辫子、穿裙子。但在农村学生作品中表现得更为机械和刻板，比如女孩大多扎着独角辫，穿着梯形裙，人物的眉眼一样等。所以罗恩菲德说，这种细节的描绘是儿童"朝向写实概念的第一步，经由这种特征化，儿童便对细节发生情感，但却失掉了对动作的感情。的确，我们在这个阶段的绘画中，看到人物的表现较为'僵硬'"①。相对而言，城市学生能够更好地通过对人物细节的描绘，比如不同的服饰、衣服的褶皱、不同的表情动作等，来描绘不同的人物，使各个人物的特征更加鲜明。51%的城市学生作品能够将人物、事物特征化，其中约有10%的学生的人物表达已经比较逼真，达到了罗恩菲德所说的下一个阶段"写实初期"（11—13岁）。农村学生只有22%的作品中有明显的特征描绘。

罗恩菲德认为，这个阶段儿童不应该再像前面阶段儿童绘画中所表现出的夸张现象，也就是将自己认为最重要的物象画得非常大，而不顾实际的大小比例。可是城乡学生的作品中还是有一些夸张的表达，比如将伞画得非常大，超出和人的比例关系。这表明伞在这些学生的心目中不只是雨天最为重要的工具，而且它象征着父母给予自己的巨大的爱。

2. 空间构图

画面中各种物象的位置以及它们之间关系的处理反映了作者的空间意识和感觉。罗恩菲德认为处于本阶段的儿童在空间表达上，脱离了简单的基底线表现，出现了物象的重叠以及平面，更为复杂地呈现事物的空间关系。44%的城市学生在画面中能够描绘出事物之间的重叠遮挡，而农村学生作品中的物象大多是左右平铺的，没有前后关系，只有13%的农村学生作品中出现重叠。重叠的出现不仅意味着它能够促使儿童更多地表现三维空间，而且它反映了人的社会心理发展状况，体现了儿童能更好地觉察其他物体的存在，以及它们之间的复杂关系。城乡学生在这方面的差异，正好与美国当代著名艺术教育家艾斯纳（Elliot W. Eisner）所做的一项关于

———————
① ［美］罗恩菲德. 创造与心智的成长［M］. 王德育，译. 长沙：湖南美术出版社，1993：181.

富裕社区与贫民区儿童绘画中以重叠形体表现空间感的能力的测量结果相同。他的测量结果也显示富裕区的儿童"以重叠的形来表现深度感的能力要比来自贫民区的儿童发达"①。看来，在对空间的处理上，来自不同文化和经济发展水平的学生之间存在很大差异。

23%的城市学生在空间表达上还出现了近大远小的透视效果，以及对事物三维空间的很好描绘，从表达水平上看，已经超出了这个阶段儿童的发展水平，达到了写实水平，而农村则没有学生达到该水平。

城乡都有很少一部分学生在空间表达上仍明显地表现出前一阶段"样式期"的特点，依然用基底线来表示空间；存在主观空间表达，使画面变成平面和垂直面的混合。所谓主观空间，就是不从视觉经验的角度来表达事物的关系，而是从主观感觉创造的空间概念。比如有农村学生作品中表现马路上行走的人，是用一个躺在马路上的正面人身像表现的；在一个单独的空间里表现不同的延续时间，即在一张画里再现许多短暂动作，好像连环画。比如有一个城市学生画了一个苹果在不同的家人中传递，一个农村学生则呈现了一个在马路上边走边跳的孩子遭遇交通事故的过程。对于这种空间和时间的融合，罗恩菲德的解释是，"由于动作的重要性消除了儿童对时间的意识，以至于他不自觉地在一张画里表现不同的时间段落。他所关心的只是在一张画里表现他所认为最重要的动作特征"②。

从画面的整体构图来看，74%的城市学生都能够比较均衡地构图，而只有59%的农村学生做到了。构图的好坏，一方面是教育的结果，如果教师很少传授给学生一些关于构图方面的技巧和要求，学生在创作中就往往不能很好地安排整个画面的各种物象；另一方面也反映一个人自身的视觉状况。人有局部视觉和分散视觉，二者的差异就是前者只关注个别事物，所以不太关注画面各个事物之间的协调关系，相应构图会差。而分散视觉能够注意到各个事物以及它们之间的关系，所以在绘画中会比较好地处理各部分的位置，使得画面比较和谐。

**3. 色彩线条**

在色彩方面，笔者将色彩大致做了红、橙、黄、绿、蓝、紫、灰、

---

① ［美］艾斯纳. 儿童的知觉与视觉发展［M］. 孙宏，等，译. 长沙：湖南美术出版社，1994：121.

② ［美］罗恩菲德. 创造与心智的成长［M］. 王德育，译. 长沙：湖南美术出版社，1993：147.

黑、褐这几类划分，然后对城乡学生作品中的用色进行了统计（同一色系中的深浅不同色均归入该色系）。根据每种色彩使用频次由高到低的统计，城乡学生使用的前三位和最后三位颜色分别如下。

表3 城乡学生绘画作品用色对比1

| 学生 ＼ 颜色位次 | 第一位 | 第二位 | 第三位 |
|---|---|---|---|
| 城市 | 红 | 绿、蓝 | 橙 |
| 农村 | 红 | 绿 | 黄 |

表4 城乡学生绘画作品用色对比2

| 学生 ＼ 颜色位次 | 最后一位 | 倒数第二位 | 倒数第三位 |
|---|---|---|---|
| 城市 | 灰 | 紫 | 黄 |
| 农村 | 灰 | 橙 | 紫 |

总体来看，城乡学生在选色方面没有太大差别，他们都偏向使用比较明快的、代表着青春活力的颜色（红色往往代表着精力和行动力，绿色代表着活力、生长和青春），这也说明了这是一群身心健康、充满生机的学生。

按罗恩菲德的研究，五年级学生在色彩运用上应该能够脱离"样式期"的"客观色彩"（认识到了色彩与物体之间的关系，能够按事物的本来色彩描绘）阶段，逐渐根据天气、距离、环境等的不同，表现出事物变化多样的颜色，表现出色彩的光影变化，而且能够反映个人对色彩的感觉和把握。城乡学生的色彩运用大部分遵循自己眼见的客观事物的颜色来作画，但还是存在一些刻板的色彩印象，比如全部树冠都是用同一种绿色，树干都是一种褐色。这在农村学生的作品中表现得比较明显。相对而言，有2%的城市学生在画面中能够对同一种色彩做更为细致的不同描绘，比如使用不同的绿；有15%的城市学生的色彩有光影、明暗变化。而农村学生作品中则没有这些表达。

从着色和用笔上看，城市学生的笔触、线条相对于农村学生更为流畅、细密和清晰，涂色比较均匀。

总之，在绘画符号的形式层面，按照儿童绘画发展阶段，城市学生的绘画表达水平普遍高于农村学生。具体差异在于，无论是对人物细节的描绘程度、人物的特征化程度、色彩的区分度，还是对事物三维空间的把握程度，城市学生的立体空间感和对事物的区分、类比、概括能力要明显好于农村学生。城市学生的绘画更加精致细腻，更多地走向写实；而农村学生的作品显得比较粗糙，缺乏三维立体表达。

## 三、绘画符号背后之心智差异

绘画符号不仅是儿童艺术表达方式和水平的反映，而且也是他们内心世界、心智状态的一种流露和投射。已有研究表明，儿童绘画水平和智力发展水平之间有很好的相关性。比如早在20世纪20年代的画人测试就证实了"儿童的人物画中细节的多少，标志着他形成概念的能力的高低，每个细节都是概念的形成"。他们认为，"儿童的人物画中概念的形成和使用程度是儿童智力程度的一个指示器"①。罗恩菲德认为，儿童的艺术表达方式直接反映了其感知觉、智力、情感以及社会发展水平，或者可以说儿童的心智水平直接决定了他的艺术表达方式。他所研究的儿童绘画发展阶段与皮亚杰的儿童思维发展阶段之间也有着惊人的对应关系。② 所以，在城乡儿童的绘画符号中，我们不仅可以看到他们不同的艺术表达内容和形式，而且也可以感受到他们内心世界和心智状态的差异。

1. 匆忙与悠闲

城乡学生是处在不同生活节奏之中的两个群体，都市的快与乡村的慢都反映在学生的作品之中。与其说他们的画面是对他们生活状态的一种反映和描绘，不如说他们已经在不同的社会环境中形成了不同的时间感。无论是上学主题中钟表、日历的形象，还是幸福主题中将幸福描绘成"幸福是回到童年""幸福是自由自在的生活""幸福是和自己心爱的玩具在一起"，都反映了城市学生在现实生活所形成的一种急切、匆忙的内心状

---

① ［美］艾斯纳. 儿童的知觉与视觉发展［M］. 孙宏，等，译. 长沙：湖南美术出版社，1994：114.

② ［美］科汉，盖纳. 美术，另一种学习的语言［M］. 尹少淳，译. 长沙：湖南美术出版社，1992：22-24.

态，以及他们对当前紧张、压力大的学习生活的逃避和对自由自在生活的期盼。而农村缓慢的生活节奏，则给予了农村学生更多的悠闲。他们没有明显的时间意识，不太在意时间的流逝，而是可以从容自得地感受上学途中的乡村景象。

2. 批判与适应

城市学生在画面中更多地显现出强烈的主体意识，他们不只是客观地描绘世界，而是积极表达自己对生活、对人和事物的思考、想法，甚至带着批判的意识，期待着一种改变。比如在"幸福"主题中，城市学生表达了对当前紧张生活的批判。在"上学"主题中，不少城市学生关注环境污染问题，呼吁节约，创造新能源，过一种低碳的生活。对于目前的择校现象，城市学生也给予了形象的描绘和批判。而乡村学生更多的是对客观生活场景的描述，较少在画面中流露出自己的看法。另外，城乡学生在画面中所流露出的道德意识也是不一样的。农村学生具有比较强烈的行为规则和规范意识，在他们看来，规则具有较强的外在性和约束性，若不执行会带来不好的后果，所以农村学生的作品中更多出现具有行为命令式的规范牌，更多地描绘不良行为的严重后果。例如，他们绘画中多出现对交通规则的遵从，不许乱扔垃圾等。而城市学生的画面中更多地呈现关注自我德行的修养、对自我成长的追求，这些在"上学"主题中表现得尤为鲜明。

3. 父母之爱与同伴关怀

在这两个主题中，对同伴关系的体验和表达，城市学生明显少于农村学生。城市学生强烈地感受到父母之爱的幸福，更多的画面描绘与父母在一起的幸福时光。相对而言，农村学生对父母之爱的体验没有城市学生那么丰富和强烈，他们更多地描绘同伴在一起游戏、一同上学的快乐。而且在对人与人交往的感受上，城市学生比较多地站在自我的立场上，较多地表现出他们的幸福来自单向的接受和被爱。而农村学生除了表达被爱的幸福，还多有描绘爱是双向的，幸福也在于给予。他们描绘人与人相互关爱、帮助的画面多于城市学生。比如他们画了为灾区人民献爱心，画了生活中人与人的互助的场景。

## 四、城乡学生绘画符号差异的原因思考

对于城乡学生绘画符号所表现出的差异，是教育的结果，尤其是不同

的艺术教育的结果，还是二者所身处的不同生活时空环境所造成的？这也许值得我们进一步深思。一方面，从绘画符号本身来看，我们认为，可能由于城市学生比农村学生接受了更好的校内艺术教育和更多的校外艺术辅导，所以他们比农村学生在艺术表达技巧上发展更快，更为成熟，他们能够通过绘画符号较好地表达出自己丰富的想法，并且使得绘画的形式更为精致。事实上，我国城乡艺术教育的软硬件条件的确存在着比较明显的差异。另一方面，城乡学生绘画符号所折射的心智差异可能更多的是由他们各自不同的生活环境所造成的。城市代表的是理性的工业文明，它力求在精确的时间计划中达成高效的结果，力求在不断的开拓和变化中实现创新。而乡土社会代表的是感性的农业文明，在日出而作、日落而息周而复始的农耕文化中，他们的时间是缓慢流淌的。每天几乎相同的生活和劳作方式，使得人们对时间缺乏意识，更不用说对时间的周密谋划。而且，相比农村比较闭塞的环境，城市的生活空间是开放、发达的，人们每天可以通过多种渠道获得丰富而多元的信息，可以通过各种活动获得更多的经验，经验和信息的积累为城市人打开了广阔的视野，锻炼了他们对信息、经验进行分析、加工和评判的逻辑分析能力，从而有了更为多样、独立的观点和想法。这种不同的生活方式和节奏导致了城乡学生获得不同的时间感以及对待事物、生活的不同态度和思维方式。在快节奏、充满变化中生活的城市学生会更多地考虑时间，精确思考，不断地反思和改变现状，有意识地规划未来。而农村学生则会更多地适应和安于现有的生活，只看到眼前的状态，目光相对短浅。由于对未来的变化缺乏预期和筹划，所以也就少有变革融通的意识和能力。乡村孩子的这种局限可能会使得他们在未来的指向现代化的社会竞争中处于劣势。然而，一个以初级群体、开放式居住空间为主的乡土社会又为农村孩子提供了更多的人际交流的机会、同伴游戏的时空，使他们拥有更为淳朴、宽容而真诚的社会性情感。相对而言，城市学生过于理性而匆忙的心智状态、过于自我的人格定位，以及人际沟通体验的缺失等，都可能使他们较早地产生现代都市人的身心问题。

对于造成城乡学生绘画符号差异的两种原因，笔者认为，艺术教育的原因可能是暂时的，而且是容易干预和改变的。而不同生活环境所造成的影响则可能是长久和内在的，它会化为学生的一种惯习（布迪厄），即在特定的场域中所形成的一种无意识的带有倾向性的态度和行为方式。按照布迪厄的观点，特定的社会结构和存在条件，包括物质、社会、文化的条件，决定了对于特定社会群体而言什么是可能的，什么是不可能的。而这些结构性因素通过人们的社会化经验，内化为个人相应的倾向，这种内化过程不仅体现在心理的过程，而且是身体的过程，表现在人们的姿势、步态和语言风格上。这些倾向将潜移默化地影响着特定社会群体未来的社会实践。所以，在教育中，城乡的教育者应该充分意识到环境所造成的学生在心智发展上的优劣势，并且让学生自身也意识到这种差异，适时引导，这无论对于城市学生还是乡村学生未来的学习和生活都是十分重要的。

出 版 人　所广一

责任编辑　李宗喜

版式设计　沈晓萌

责任校对　贾静芳

责任印制　曲凤玲

**图书在版编目（CIP）数据**

道德教育评论. 2014／高德胜主编. —北京：教
育科学出版社，2015.3
　ISBN 978－7－5041－9369－8

　Ⅰ. ①道…　Ⅱ. ①高…　Ⅲ. ①德育—中国—文集
Ⅳ. ①G41－53

中国版本图书馆 CIP 数据核字（2015）第 016961 号

**道德教育评论 2014**

DAODE JIAOYU PINGLUN 2014

| 出版发行 | **教育科学出版社** | | |
|---|---|---|---|
| 社　　址 | 北京·朝阳区安慧北里安园甲9号 | 市场部电话 | 010-64989009 |
| 邮　　编 | 100101 | 编辑部电话 | 010-64981259 |
| 传　　真 | 010-64891796 | 网　　址 | http://www.esph.com.cn |
| 经　　销 | 各地新华书店 | | |
| 制　　作 | 北京大有图文信息有限公司 | | |
| 印　　刷 | 虎彩印艺股份有限公司 | | |
| 开　　本 | 169 毫米×239 毫米　16 开 | 版　　次 | 2015 年 3 月第 1 版 |
| 印　　张 | 10.75 | 印　　次 | 2015 年 3 月第 1 次印刷 |
| 字　　数 | 152 千 | 定　　价 | 29.00 元 |

如有印装质量问题，请到所购图书销售部门联系调换。